Learn Spanish for Beginners (with audio):

10 Easy Short Stories with English Glossaries throughout the text (volume 3)

Claudia Orea and Daniel Alvares

Table of Contents

Introduction

Reading is an entertaining and truly effective way to learn a new language. It is also the key to building better and more natural-sounding sentences. The problem is, when you're starting out with a new language, it can be difficult to look for suitable reading materials. Either you drown in a sea of vocabulary you don't understand or you get lost in lengthy narratives that make your eyes water and your attention wander. Both would render the entire activity useless and a total waste of time.

Some people suggest starting out with children's books. But is it really effective? Children's books contain choice vocabulary and expressions especially selected for children. Its themes may not also be relevant to an adult learner's daily life.

There are other books also that are written in parallel text. But this is not one of those. Books in parallel text have a tendency to make people choose the easier option, and therefore, gravitate towards the English text instead of reading the story in Spanish.

What this book is about

So it's not a lengthy narrative and it's not a children's book either. Neither is it written in parallel text. *So what exactly is it?*

Instead of those mentioned, this book strives to embed effective learning aids directly into the material. You will have an audio that you can listen to so you can follow along with the pronunciation. You will have a Spanish and English glossary within the stories itself, so there will be no need for a dictionary to help you with words you don't understand. You can practice your writing by coming up with your own words to sum up your understanding of the story, and then you can compare it afterwards with the summary provided after each story.

The Stories

This book contains a total of ten short stories that revolve around daily themes. The stories are short enough to keep your attention intact (1,500 words in length) but long enough to make you feel a sense of accomplishment and progress after finishing each one.

You'll find that the stories are written using a varied, useful vocabulary and a diverse grammar structure. The combination of dialogue and descriptions are carefully selected to suit beginner to low-intermediate level learners. This will help your comprehension for both written and oral communication and will help you in the day-to-day: whether for reading newspapers or for understanding daily lingo spoken on the street.

How to use this book
The stories are short enough to be consumed in one sitting, so read the story from beginning to end. If the passages contain words that are difficult for you to understand, you can find them in the glossary throughout the text. After reading the story for the first time, you can then listen to the audio and follow along with reading, to help you practice listening and hone your pronunciation as well.

After going through the story with audio, you can repeat reading for as many times as you like, but if you feel you have grasped its entirety, you can then proceed to the quiz at the end of the chapter, summarize the story in your own words and compare it with the summary provided, and finally, review the new vocabulary you have learned.

About the audio

The stories have been recorded by a professional: Abel Franco. He recorded the audio at a slightly slower speed than how Spanish people speak but at a path that's not too easy. Not too slow, so it won't sound unnatural.

With this, we guarantee a high quality of sound for your listening pleasure. Instructions to download the audio has been placed at the end of the book. Please use the clickable table of contents to go there directly.

Text 1- LLAMADME PATRICK (Daily Routine)

Esta mañana, cuando ha sonado el despertador, los niños se han levantado **peleándose** entre ellos con las **almohadas** de plumas, hasta que Marie ha bajado a la cocina y se ha puesto a preparar el desayuno, y un ataque de hambre los ha convencido para **serenarse**. John y Lee no comen suficiente fruta, solo cereales de muchas clases. Mi mujer solo toma un **batido** de yogur griego y fruta **troceada** y bebe mucho té verde. Yo no cambio por nada unos huevos con **panceta** y mucho café. Me encanta el café, sin leche ni azúcar. Somos una familia con gustos distintos pero nos adaptamos. Cuando yo tenía la edad de los niños, en España se desayunaba café con leche y galletas. Actualmente, los niños comen cereales muy dulces, y como padre tengo que recordarles que la alimentación tiene que ser variada. Pero en vez de atenderme, tienen la atención absorbida por los aparatos electrónicos con los que juegan.

> **peleándose (pelear) -** fighting (to fight)
> **almohadas -** pillows
> **serenarse -** to calm down
> **batido -** smoothie
> **troceado/a -** carved up
> **panceta -** bacon
> **adaptamos -** get used to

Luego, con cinco minutos de **antelación**, bajo hasta el parking a encender el coche y espero a los niños y Marie, mientras atiendo los primeros mensajes de Facebook. Tengo una rutina y ahora estoy contento, porque cuando estaba **soltero**, siempre vivía **al límite**, **solía** olvidarme de las llaves. La vida de un hombre **casado** y con niños tiene muchas alegrías. Y esos cinco minutos de espera en el parking, cuando todavía no tengo que conducir por la autopista que lleva al centro, es mi momento de relax y **meditación**. Cargo la batería del Iphone y espero. Antes solía ponerme música clásica, pero ahora Marie y los niños están enchufados a sus tabletas con juegos, mensajes y demás. Ahora imagino música. El tráfico hacia el centro es siempre una aventura y depende del tiempo. Pero si no llueve, en media hora llegamos a la zona escolar y luego, Marie y yo, diez minutos más tarde, estamos en el **estudio** donde trabajamos juntos, como **autónomos**.

Antelación - in advance
soltero/a - single
al límite - on the edge
solía - used to
casado/a - married
meditación - meditation
estudio - study
autónomos/as - freelancers

Ella es una **escritora** de viajes de mucho éxito y yo escribo **novelas** de amor, vampiros y demás **por encargo**. Ella siempre está saliendo a hacer **entrevistas** o llamando por teléfono, mientras que yo voy **hilandoargumentos** con los que se **identifique** mi público. **Irónicamente**, mis hijos pronto serán mis lectores y me esfuerzo en vender bien y ser citado en los medios, para que se sientan **orgullosos** de mí, igual que yo me sentía orgulloso de mi padre, que era un médico **pediatra** con bastantes pacientes. El encantador estudio donde trabajamos está cerca del mar en Barcelona, en el distrito de Poblenou, junto a Palo Alto Market. Ahora en invierno, siempre tenemos sol por las mañanas y un fabuloso clima mediterráneo; en Barcelona raras veces nieva. Trabajamos con mucha luz natural que nos entra por el jardín interior, rodeado de unos espectaculares arcos **acristalados**. El alquiler es muy caro, 3.000 euros al mes, así que para llegar a final de mes, compartimos espacio con un joven diseñador de ropa y otro diseñador de joyas. En el patio interior, Marie tiene un jardín maravilloso, con naranjos, palmeras, helechos y rosales, donde hace recepciones de clientes suyos. A veces, cuando la primavera invita, hacemos barbacoas y fiestas para los amigos que trabajan en la zona *hipster* de Poblenou. Desde que tengo familia y obligaciones, ya no hago tantas fiestas como quisiera.

escritor(a) - writer
novelas - novels
encargo - request
entrevistas - interviews
hilando (hilar) - connecting (to connect)
argumentos - plots
identifique (identificar) - identify (to identify)
irónicamente - ironically
orgullosos/as - proud
pediatra - pediatrician/paediatrician
acristalados/as - glazed

Marie y yo tenemos una rutina interesante. Nos **desplazamos** a diario y nos gusta vivir en la costa, pero con nuestros amigos los encontramos en la ciudad, donde todos trabajamos. John y Lee cuentan con nosotros siempre, además de con sus amigos. Cada semana se quedan a dormir en sus casas; son amigos muy poco **introvertidos** y nunca hemos tenido un problema. Barcelona no es una ciudad dura, no hay armas de fuego en las calles, y el turismo anima las calles y el paseo marítimo. En verano, John y Lee tienen escuela de **vela** en el Puerto Olímpico y pasan luego por el estudio, para que los recojamos, camino a la costa. El pueblo de la costa donde tenemos la casa tiene muchas colinas sobre la playa, como terrazas. Vivimos en una urbanización **apartada** y Marie no se hace con los **nativos**, porque ella nació en París y es muy parisina, y cuando le contestan en **catalán**, una lengua de la cual los catalanes se sienten muy orgullosos, ella lo llama *patois* simplemente y los ignora. Nosotros dos somos **expatriados**, ella francesa y yo americano, por eso no entendemos por qué alguien puede tener tanto interés en ser diferente, cuando todos somos iguales. Así que nos gastamos el dinero en otra parte, por lo general en internet. Amazon trabaja muy bien. El año pasado, apenas cruzamos el puente sobre la autopista para entrar en el pueblo, Cabrera de Mar. La idea de dormir en la costa es de Marie. Ella nació en la capital de Francia y siempre quiso tener una casa con vistas al mar. Para mí supuso el fin de mi juventud, de las largas fiestas y apenas dormir, y de estar de tapas y vinos —el sueño de Barcelona que por vacaciones tantos turistas compran.

desplazamos (desplazarse) - get around (to get around)
introvertidos/as - introverted
vela - sailing
apartado/a - remote
nativos/as - natives
catalán - catalan
patois (french) – dialecto - dialect
expatriados/as - expatriate

Cuando los niños eran pequeños, Marie y yo nos **propusimos** una rutina para poder llegar al final de la semana sin estar cansados. Vivir fuera de la ciudad fue la primera **concesión** de mi matrimonio, porque mis amigos eran hasta entonces mi verdadera familia. Sin embargo, vendrían después muchas otras concesiones, siempre por cansancio. Marie tiene **una cabeza muy bien amueblada** y su lógica no tiene **réplica**. El mejor regalo que puede hacerte la vida es tener una mujer que sea el doble de inteligente que tú, porque siempre aprendes de ella y cada día la admiras y respetas incluso más. Tener dos hijos con ella ha sido la mejor aventura de mi vida. Mi mujer es una gran trabajadora. **Gruñe** como una bruja por las mañanas, pero sonríe cuando un plan sale bien. Yo no tengo tan mal genio, pero soy un **perfeccionista** silencioso con rutinas de algún **ancestro** alemán. Juntos somos un equipo **efectivo**. Tenemos una asistenta que trabaja una vez por semana durante todo el día. Yo suelo plancharme las camisas y apenas la necesito, pero las camas de los niños y la ropa que ensucian dan mucho trabajo. Marie se encarga de **economizar** y pagar los **impuestos**, yo cocino y educo a los niños como buenamente puedo. Les encargo lecturas para que trabajen la imaginación en vez de permitirles jugar a videojuegos, la epidemia de las consolas y todas esas cosas. Una vez tuve que ponerme serio y decirles que matar personas no es divertido. Me llamaron de todo, **cursi** y demás. Pero Marie estuvo a mi lado y desterramos los videojuegos de casa, aunque imagino que cuando pasan la noche en casa de sus amigos, jugarán por no parecer raros o demasiado **empollones**.

propusimos (proponer) - propose (to propose)
concesión - concession
una cabeza bien amueblada *(colloq)* - to have a lot of common sense
réplica - reply
gruñe (gruñir) - groans (to groan)
perfeccionista - perfectionist
ancestro - ancestor
efectivo - effective
economizar - economize/economise
impuestos - taxes
cursi - snooty
empollones/as - nerd

Me acuerdo que siempre hacía el tonto en las fotos familiares cuando tenía la edad de los niños, pero ahora que tengo una familia que **cuidar** todo es muy serio. Tengo la suerte de tener la mejor **socia** conmigo, pero ser padre soltero debe ser un infierno. No me imagino la vida sin Marie. A veces, tengo miedo de perderla y me pongo muy pesado y **celoso**. Ella es muy buena en su trabajo. A veces viaja para **documentarse** para sus libros de viajes y hablamos por Skype, media hora contada si la conexión es buena. También la vemos como si fuera una aventurera, perdida siempre por Asia. Los niños le piden que traiga regalos y ella les recuerda que los aeropuertos tienen muchas **restricciones**. Yo siempre le pido café de lugares exóticos. Luego, el dentista me dice que los dientes se me quedarán negros, que los niños tienen que comer más fruta. Tengo una cita con el dentista pronto, ahora que lo pienso. Sí, amigos lectores, la rutina de un hombre de familia no parece un relato interesante. Pero nunca haría una fiesta para presumir de las **hazañas** de mi juventud, ya que nadie tiene que demostrar nada a mi edad. La rutina de mis días es la que me va mejor, la que yo he elegido. Estoy muy agradecido de mi suerte. Estoy enamorado de mi mujer. No preciso de una **querida**, como algunos de mis amigos adictos a la mala vida, a los que les gusta jugar a dos bandas. A veces, es cierto, cuando Marie viaja por más de dos semanas, la echo mucho de menos. Pero esto hace también que tengamos la pasión intacta después de quince años juntos. Cuando vuelve de viaje, celebramos estar juntos, no hay mejor momento. Si tuviéramos otra vida, con el carácter que ella tiene, no tendríamos espacio suficiente para crecer y acabaríamos hartos el uno del otro. Hemos pensado en trasladarnos a Italia, donde nosotros nos conocimos. Marie quiere que John y Lee se eduquen en el extranjero, pero nuestros hijos están enamorados del mar y dicen que Barcelona es una ciudad cosmopolita. En fin, ya lo decía el poeta. Un día no es un día de una vida, sino una vida.

Cuidar - totake care of
socio/a - partner
celoso/a - jealous
documentarse - to familiarize yourself with
restricciones - restrictions
hazañas - greatfeats
querida *(colloq)* - lover

PREGUNTAS

1) ¿Cómo se llaman los hijos de Patrick?
   a) Patrick y Marie.
   b) Patrick y John.
   c) Lee y Marie.
   d) John y Lee.

2) ¿Cuál es el trabajo de Marie?
   a) Escritora de novelas.
   b) Escritora de viajes.
   c) Profesora.
   d) Ama de casa.

3) ¿Por qué comparten Patrick y Marie el estudio con más gente?
   a) Porque el alquiler es muy caro.
   b) Porque son sus clientes.
   c) Porque se aburren.
   d) Porque son sus amigos.

4) ¿Dónde tienen la casa?
   a) En Barcelona.
   b) En Francia.
   c) En un pueblo de la costa.
   d) No se sabe.

5) ¿Para qué viaja Marie?
   a) Por placer.
   b) Para documentarse para sus libros.
   c) Para visitar a su familia.
   d) Para descansar de su marido.

SOLUCIONES
   1) D
   2) B
   3) A
   4) C
   5) B

RESUMEN
Patrick es un expatriado que reside en Barcelona con su mujer y sus dos hijos. Ellos trabajan juntos y tienen una rutina diaria que les permite ocuaprse del trabajo, de sus hijos y llegar al fin de semana sin estar cansados.

SUMMARY
Patrick is an expatriate who lives in Barcelona with his wife and children. They work together and they have a daily routine which allows them to work, to take care of their children and to end the week without being tired.

VOCABULARIO

peleándose (pelear) - fighting (to fight)
almohadas - pillows
serenarse - to calm down
batido - smoothie
troceado/a - carved up
panceta - bacon
adaptamos - get used to
Antelación - in advance
soltero/a - single
al límite - on the edge
solía - used to
casado/a - married
meditación - meditation
estudio - study
autónomos/as - freelancers
escritor(a) - writer
novelas - novels
encargo - request
entrevistas - interviews
hilando (hilar) - connecting (to connect)
argumentos - plots
identifique (identificar) - identify (to identify)
irónicamente - ironically
orgullosos/as - proud
pediatra - pediatrician/paediatrician
acristalados/as - glazed
desplazamos (desplazarse) - get around (to get around)
introvertidos/as - introverted
vela - sailing
apartado/a - remote
nativos/as - natives
catalán - catalan
patois (french) – dialecto - dialect
expatriados/as - expatriate
propusimos (proponer) - propose (to propose)
concesión - concession
una cabeza bien amueblada *(colloq)* - to have a lot of common sense

réplica - reply
gruñe (gruñir) - groans (to groan)
perfeccionista - perfectionist
ancestro - ancestor
efectivo - effective
economizar - economize/economise
impuestos - taxes
cursi - snooty
empollones/as - nerd
Cuidar - totake care of
socio/a - partner
celoso/a - jealous
documentarse - to familiarize yourself with
restricciones - restrictions
hazañas - greatfeats
querida *(colloq)* - lover

Text 2. Jornada (work day)

Cuando llego al estudio, me preparo el segundo el café de la **jornada**, mientras me acerco **sinuoso** a la pantalla en blanco. Me gusta ponerme cómodo e ir casual. Visto con americana y me gustan las buenas camisas. Siempre llevo unos Levis 501 y calzo **mocasines**, porque me descalzo mientras escribo. A veces me quedo absorto hasta que llego a las cinco mil palabras escritas. Y me digo basta. Podría escribir más, seguramente, pero entonces tendría que quedarme a dormir en el sofá del estudio, no tener vida personal y convertirme en un **insomne**, como la escritora francesa Françoise Sagan. Y eso ya lo hice cuando me quería comer el mundo. Mi trabajo puede ser muy **pasional** porque es creativo, pero también tengo que ajustarme a lo que me pide el cliente. Es bien sabido que si mantengo satisfecho al cliente, tendré más encargos. Y con paciencia acabaré teniendo una **cartera de clientes**. Cada mes tengo que **facturar** 4.000 euros para mantenerme a flote, pagar la cuota de trabajador autónomo y satisfacer cada **trimestre** el **IVA**.

Jornada - work day
sinuoso/a - sinuous
mocasines - moccasins
insomne - sleepless
pasional - passionate
cartera de clientes - client portfolio
facturar - to turn over
trimestre - trimester
IVA (impuesto sobre el valor añadido) - VAT (value-added tax)

Hemos tenido una crisis muy fuerte en los últimos quince años en el **mundo de laedición**. Muchas revistas **legendarias** han cerrado, principalmente por falta de **anunciantes**. Todos los periódicos están **subvencionados**, sin el apoyo público no podrían durar ni una semana. La **reconversión** digital ha sido brutal. El gobierno español nos llama industria cultural y no entiendo a qué se refieren, porque yo no soy una estrella de rock ni vendo entradas de conciertos. Y lo peor de todo, el **sistema educativo** es tan horrible que se han perdido **generaciones** de lectores enteras, como si se hubieran evaporado para siempre. Yo quiero ser optimista. Supongo que no tengo otra opción que entregarme a la esperanza, aunque me retrate como un memo. Hay algo de **vocacional** en escribir, no sé, tal vez como en ser pescador. Me gusta pensar que nunca hubo tantos escritores y lectores como ahora, simplemente escriben y leen en otro soporte, en cualquiera de las mil aplicaciones de una tableta o un smartphone.

mundo de la edición - publishing world
legendarios/as - legendary
anunciantes - advertisers
subvencionados/as (subvencionar) - subsidized/subsidised (to subsidized/to subdised)
reconversión - reorganizing
sistema educativo - education system
generaciones - generations
vocacional - vocational

Yo siempre he envidiado a los músicos, por ejemplo. Una **melodía** se puede colar en tus pensamientos con mucha menos atención de la que necesitas para leer y encender tu imaginación. Ellos pueden salir a la calle y hacer dinero. Cuando los veo tocar me pregunto si ellos se divierten tanto como yo. Crear un personaje es como conocer un amigo que no deja de sorprenderte. Y cuando tengo que hacer el encargo que menos me gusta, a veces tengo agradables **percances** que me dejan atónito. ¿Y esto de dónde sale? Así funciona la rueca de la imaginación, así trabaja un **literario**.

Es muy sencillo. Me lleva mucho tiempo, pero es muy sencillo. Primero se me ocurre una idea, esa idea me produce un efecto emocional, como las piezas de un dominó cayendo. Y, durante mucho tiempo, a partir de ese momento, paso a tomar notas y a desarrollar detalles de esa idea, a pensar en pasajes y entornos que pudieran **complementarla**. Luego empiezo a crear una estructura, un **andamio** para escribir el primer borrador, que es, por cierto, la etapa que exige la mayor parte de labor emocional. Una vez acabado, desmonto el andamio sin que se rompa nada. Aquí entra en juego el **técnico**. Me convierto en un técnico y entonces empiezo a escribir la novela real. Eso es todo lo que hago. Sencillo.

Melodía - melody
percances - mishaps
literario/a - literary
complementarla (complementar) - complement (to complement)
andamio - scaffold
técnico/a - technician

Claro que no es lo mismo escribir una novela de vampiros que una novela romántica, pero los personajes a crear tienen que comprenderse, hacerse vivos en la imaginación **desbordada** del lector. A propósito del tema de trabajar por encargo, tengo una amiga llamada Abarne que es poeta; en las noches de verano, muchas veces hacemos arte **poético** y ella viene a recitar poemas de Lorca acompañada de su marido, un guitarrista con *duende*. Pues bien, para llegar a final de mes, como todos los autónomos, la Organización Nacional de Ciegos Española, también conocida como ONCE, le pasa encargos para **grabar** libros enteros. Como ella tiene una voz grave y una técnica vocal perfecta, sin **acentos** y **neutra**, le pasan encargos de novelas de vampiros o escritores **lunáticos** como H. P. Lovecraft; incluso las maravillas de Philip K. Dick.

Abarne se pasa horas delante de su micrófono con la espalda recta como un pianista y la vista fija en las palabras que cobran vida con su voz dorada de **dicción** académica. Es toda una demostración colocar los acentos y las vocales de manera **cristalina**. Esos clásicos relatos de terror de Lovecraft, en la voz **amplificada** de Abarne parecían tan vivos, y las palabras eran tan ligeras, que casi salían flotando de la página, dejándome **estupefacto** y **atónito**, **desanclado** y a la **deriva** en el **vasto** espacio de la mente.

desbordado/a - boundless
poético/a - poetic
duende - charm
grabar - to record
acentos - accents
neutro/a - neutral
lunáticos/as - lunatic
dicción - diction
cristalino/a - crystalline
amplificado/a (amplificar) - amplified (to amplify)
estupefacto/a - stupefied
atónito/a - astonished
desanclado/a - anchorless
a la deriva - drifting
vasto/a - vast

Pues bien, con Abarne siempre estamos **atrapados** en la misma conversación. Se siente **encasillada** poniendo voz de **impertinente institutriz** que aterroriza colocando vocales. Le quita muchos **potenciales** clientes para hacer anuncios comerciales, que están muy bien pagados. Piensa ella que está atrapada bajo un techo de cristal. Pero yo pienso lo contrario. Tener un muy buen cliente es genial. Tener un solo cliente es como ser un **empleado**. Lo acertado es tener una cartera enorme de clientes, como una cartera forrada de billetes grandes. Abarne podría tener más **proyección** en un mercado más amplio. Pero prefiere tener un solo cliente, porque los ciegos españoles pagan solo por voces selectas, para desplegar las amplias alas de la imaginación y volar hacia lo alto. Hay quien dice, no sin razón, que el aire solo eleva a aquellos que tienen alas. Será que nunca escucharon a Abarne.

Marie, mi compañera de viaje, la exitosa escritora de viajes con la que comparto mi vida familiar y el estudio donde trabajamos, tiene una cartera de clientes legendaria. Es una de estas estrellas de la escritura que tiene tantos amigos alrededor del mundo, como para hacer noche en una casa distinta durante diez años. Nos conocimos viajando hace quince años en la Toscana, en Italia. Yo estaba haciendo un **reportaje** en Siena y estaba encantado con todo lo que veía, haciendo fotos de los detalles más nimios, como si tomara notas. En la enorme plaza donde hacen las carreras de caballos, Piazza del Campo, había muchas terrazas donde los turistas descansaban, después de una mañana quizá demasiado activa. El azar me llevó hasta el lugar más animado, donde me sorprendió escuchar susurros franceses, en vez de los **gesticulantes** y **escandalosos** italianos **enfurecidos**. Rodeada de amigos, repartiendo sonrisas encantadoras y el humo de sus cigarrillos, como Françoise Sagan, una escritora de viajes estaba documentándose y haciendo un sinnúmero de preguntas. Escuché varias veces su nombre: Marie. Yo me pregunté, ¿Marie Darrieussecq? Pero me distraje un momento, porque no disponía de mucho tiempo y la acabé perdiendo de vista.

atrapados/a - trapped
encasillado/a - categorized
impertinente - impertinent
institutriz - governess
potenciales - potential
empleado/a - employee
proyección - repercussion
reportaje - report
gesticulantes (gesticular) - gesticulating (to gesticulate)
escandalosos/as - boisterous
enfurecidos/as - enraged

La parte de mi trabajo que me gusta más es documentarme. Cuando me encargan una **novela de época**, no puedo hablar de comida que no se consumía entonces. Sería como decir que se fuma en los bares en el año 2016. Absurdo y falso. Siena era una lección de Historia del Arte constante, abrumadora, pero un descanso después de Florencia, donde las multitudes haciendo cola para ver la estatua de David eran una pesadilla. Aproveché mi estancia en Siena para comprarme zapatos, y estrenándolos salí de nuevo hacia la Piazza del Campo, dispuesto a socializar, y destacar entre los animados **admiradores** de Marie Darrieussecq. Mi problema es que mi francés lo entiende todo el mundo menos los franceses. Así que probé con mi inglés. ¿Qué le iba a decir yo a esta estrella? Me documenté, y a fondo, con el mismo propósito y deseo que escribo ahora. Es todo lo que puedo confesar.

Antes de dedicarle una palabra, ya había visto todas sus entrevistas en Youtube, me había leído todos los artículos suyos. Marie había nacido en París pero tenía pasaporte americano. Su padre era **diplomático** y habían viajado tanto que no se sentía de ningún sitio. Había pasado tanto tiempo en Asia que vestía como si viniera de allí. Antes de dedicarle una palabra, ya conocía su grito de guerra cuando viajaba con su hermana, en la parte trasera de un coche, por alguna carretera interminable: "¡Sacadme de aquí!" Es un **berrinche** muy común, ya lo sé. Cuando se lo oyes a tus propios hijos y estás conduciendo, de pronto tiene sentido, como si se cerrara un círculo. Yo solo puedo contar lo siguiente. Con los zapatos hechos a mano que me había comprado en aquella bella ciudad italiana, avancé **resuelto** al encuentro de Marie R., que se abandonaba a la plácida lectura. Y me senté en su mesa, sin pedir permiso, y le dije en inglés. *"I am a wordsmith."* Soy un mago de las palabras. Marie, sorprendida, echó a reír. Como si no comprendiera. Y se lo tuve que repetir otra vez, cosa que me hacía dudar que realmente fuera yo un mago de las palabras. Pero cada vez que lo repetía, me iba acercando a ella, cada vez un poco más cerca. Como si se tratara de un **conjuro**.

novela de época - historical novel
admiradores/as - fans
diplomático/a - diplomat
berrinche - tantrum
resuelto/a - determined
conjuro - spell

PREGUNTAS

1) ¿Cómo le gusta vestir a Patrick para ir al trabajo?
   a) Elegante.
   b) Cómodo y casual.
   c) En chándal.
   d) En pijama.

2) ¿Por qué han cerrado muchas revistas?
   a) Por la falta de anunciantes.
   b) Porque no hay noticias.
   c) Porque la gente se aburrió de ellas.
   d) Porque los gobiernos las subvencionaban.

3) ¿Qué trabajo extra tiene Abarne para llegar a fin de mes?
   a) Tocar la guitarra.
   b) Ayudar a Patrick.
   c) Grabar libros para la ONCE.
   d) Colaborar con revistas.

4) ¿Dónde se conocieron Patrick y Marie?
   a) En Barcelona.
   b) En París.
   c) En Florencia.
   d) En Siena.

5) ¿En qué idioma le habló por primera vez Patrick a Marie?
   a) En inglés.
   b) En francés.
   c) En italiano.
   d) En español.

SOLUCIONES
1) B
2) A
3) C
4) D
5) A

RESUMEN
Patrick trabaja como escritor autónomo. Nos cuenta las características de su trabajo, así como una breve historia sobre cómo conoció a su mujer.

SUMMARY
Patrick works as a freelance writer. He tells us the characteristics of his work, and a brief story about how he met his wife.

VOCABULARIO

Jornada - work day
sinuoso/a - sinuous
mocasines - moccasins
insomne - sleepless
pasional - passionate
cartera de clientes - client portfolio
facturar - to turn over
trimestre - trimester
IVA (impuesto sobre el valor añadido) - VAT (value-added tax)
mundo de la edición - publishing world
legendarios/as - legendary
anunciantes - advertisers
subvencionados/as (subvencionar) - subsidized/subsidised (to subsidized/to subdised)
reconversión - reorganizing
sistema educativo - education system
generaciones - generations
vocacional - vocational
Melodía - melody
percances - mishaps
literario/a - literary
complementarla (complementar) - complement (to complement)
andamio - scaffold
técnico/a - technician
desbordado/a - boundless
poético/a - poetic
duende - charm
grabar - to record
acentos - accents
neutro/a - neutral
lunáticos/as - lunatic
dicción - diction
cristalino/a - crystalline
amplificado/a (amplificar) - amplified (to amplify)
estupefacto/a - stupefied
atónito/a - astonished
desanclado/a - anchorless

a la deriva - drifting
vasto/a - vast
atrapados/a - trapped
encasillado/a - categorized
impertinente - impertinent
institutriz - governess
potenciales - potential
empleado/a - employee
proyección - repercussion
reportaje - report
gesticulantes (gesticular) - gesticulating (to gesticulate)
escandalosos/as - boisterous
enfurecidos/as - enraged
novela de época - historical novel
admiradores/as - fans
diplomático/a - diplomat
berrinche - tantrum
resuelto/a - determined
conjuro - spell

Text 3. Alimento (Food, cooking.)

Como conocí a Marie en Italia, somos entusiastas de la dieta mediterránea desde el primer día. Yo me había hecho a la idea de que nuestra luna de miel solo serían cafés con leches y croissants, embargados de una pasión parisina. Pero resultó ser que estaba enamorada del **vino** y los **entremeses**. A los tres días de estar juntos, pensaba que si tenía pasaporte americano, le apetecería comer **carne roja**, de cualquiera de sus formas: **asada**, **al grill**, como fuera, me daba igual. Pues no, parecía que le apetecía comer **tacos** mejicanos. Y le echaba tanto **picante** a todo, que yo acababa derritiéndome como un cubito de hielo. No pasaron muchos días hasta que me di cuenta de que yo sería, de ahora en adelante, el chef de la cocina.

Distingo entre alimentarse o hartarse, quizá porque nací en una familia de médicos. No suelo preguntarme por las **calorías** que tiene una dieta, como si estuviera contando todo el día. Por el contrario, me pregunto si he cubierto todo lo que realmente necesito. No soy el típico hipster con gafas de pasta. Siempre encuentro 40 minutos para correr por el paseo marítimo o nadar en la playa en verano, que le sienta genial a mi espalda de escritor. Cuando quedo para correr con Johan, un expatriado sueco, al final de la sesión nos vamos a calmar la **sed** a La Carabela, delante mismo del icono de Roy Lichtenstein.

Vino - wine
entremeses - starters
carne roja - red meat
asado/a - roasted
al grill - grilled
tacos *(mexican food)* - tacos
picante - spicy
calorías - calories
sed - thirst

Lewis, otro expatriado canadiense, nos sirve dos increíbles batidos con un toque sensacional de **jengibre**. Marie se apunta siempre que puede con su **almuerzo: nachos crujientes** y **guacamole** fresco, con una copa de vino blanco, un Verdejo frío. Johan siempre anda con prisas y en cuanto sorbe su batido con ambas pajitas, se marcha enseguida por miedo a enfriarse con el sudor del ejercicio, no sin antes pagar generosamente toda la ronda de **consumiciones** y bendecir la hora como la mejor del día. No le falta razón. A mediodía en Barcelona en pleno mes de enero, en una terraza del paseo marítimo, aunque parezca imposible, acabas bendecido por el Sol y la brisa. A Marie le gusta mucho el lugar y se quedaría horas sin hacer nada: *dolce far niente*, dulce no hacer nada, así fue como nos conocimos en Italia. El buen hacer de Lewis hizo legendaria La Carabela en muchas guías turísticas. Los turistas se mezclan con los expatriados que no quieren volver. Británicos, irlandeses, y cada día más americanos gracias a Airbnb. Marie no tarda en verse rodeada de gente que acaba de conocer, porque está muy a gusto, en su elemento. Yo muchas veces la dejo a su aire, porque veo que se divierte. Además, mantenerse en forma y correr, da mucha hambre, pero sobre todo nadar. Y Lewis se defiende bien en la cocina: tacos, burritos, ensaladas. En el grill tiene empleado a un venezolano llamado César que hace unas **arepas** sobresalientes. Pero a mí comer sano me gusta y prefiero volver al estudio, dando un rodeo por las calles de la Ribera.

Jengibre - ginger
almuerzo - mid-morning snack
nachos *(mexican food)* - nachos
crujientes - crispy
guacamole - guacamole
consumiciones - drinks
arepas *(venezuelan food)* - arepa

Con todo el espacio del estudio, una antigua fábrica textil del distrito Poblenou, pudimos construir una cocina con mucha luz y bastante agradable, y luego instalar un **horno de leña** en el patio. Cuando hacemos recepciones, montamos caterings de lujo con semejante herramienta.

Particularmente, prefiero los días en que me dejan solo; estos son los días en que hago pescado. Acercarme al mercado de Santa Caterina es un paseo entre las calles de la Ribera, donde los turistas acaban concentrándose en la calle Montcada, a la entrada del museo Picasso. Los vendedores de pescado son tan peligrosos como los delincuentes. Uno tiene que mirar a los ojos del pescado, que no cuentan mentiras. Si los ojos del pescado están tan **hundidos** y turbios como los míos, de tanto coser palabras, paso de largo. Hasta que encuentro unos ojos con colores vivos y de una pieza tan **turgente** que asuste, porque parece que todavía está vivo. Me gustan las **lubinas**, así que cuando encuentro una lubina fresca, la compro encantado. Por supuesto, le pido al pescadero que solo**destripe** a la lubina; nada de sacarle la espina o cortarle la cabeza. Y tampoco **descamar** el pescado, ya contaré el porqué. De vuelta al estudio, por el camino, paro en alguna de las vinerías del Born a comprar un vino blanco, como es de ley.

horno de leña - wood stove
hundidos/as - sunken
turgente - turgid
lubina - sea bass
destripe (destripar) - guts (to gut)
descamar - to scale

Dicen que el secreto de la dieta mediterránea es su sencillez, y quizá estén en lo cierto, porque no hay nada más sencillo que una lubina a la sal en un horno de leña. Solo tengo que meter cuatro **leños** al horno, y cubrir la lubina en una fuente con una mezcla de sal gorda con una **clara de huevo,** que las **escamas** del pescado harán por impedir que la sal mate el sabor. Con veinte minutos de horno, incluso quince, ni los dioses pueden probar mejor pescado. Mientras, en la cocina, con una sartén se **fríenajos** en **aceite de oliva** de calidad con un toque de **cayena.**

Cuando los niños vuelven mareados, helados de frío y mojados porque en la Escuela de Vela han tenido mal tiempo, tengo que hacerles algo más específico para ellos. No penséis que soy el papa moderno que los alimenta con productos ecológicos. Repito, me afeito a diario, no tengo gafas de pasta y llevo la camisa por dentro de los pantalones. Pero soy suficiente papá como para hacerles un pastel de manzana, lo confieso. Solo necesitas un recipiente adecuado, papel de horno, **harina**, huevos, azúcar, **levadura**, **canela**, raspar una naranja y un limón y un puñado de manzanas verdes cortadas en **rodajas**. ¡Y zas! No olvides por un momento como trabajaban los horneros, con la pala en la mano y sin despistarse. Sin embargo, hay un problema con el pastel de manzana; cuando se cuece huele tan rico, que alimenta. El pastel de manzana no dura más allá de una merienda, **doy fe**.

Leños - logs
clara de huevo - egg white
escamas - scales
fríen (freir) - fry (to fry)
ajo - garlic
aceite de oliva - olive oil
cayena - cayenne
harina - flour
levadura - leavening
canela - cinnamon
rodajas - slices
doy fe (dar fe) - certify (to certify)

Actualmente, con la cantidad de **vegetarianos** que hay, parece que tengas que pedir disculpas por que te encanten las **brasas** y la carne. Hace quince años, con el cambio de siglo, sufrimos el síndrome de las vacas locas. Repito, hace quince años. Ahora tenemos el **ganado** y las aves tan llenos de antibióticos que el tema empieza a ser preocupante, porque luego nos afecta cuando realmente necesitamos antibióticos. Por lo menos, como padre, me preocupa. ¿Deben mis hijos comer *nuggets* de pollo en las fiestas de cumpleaños de McDonalds? ¿Debo prohibirles comer pollo frito? Hay mucha información sobre alimentación que se nos ha escondido, ahora parece increíble que no quieran dar más detalles.

Pero, ¿quién soy yo para hablar? Con la carne que llegué a comer hace quince años, yo tendría ahora el síndrome de las vacas locas. Y parece que sigo muy sano, gracias al ejercicio, claro está. Pero recuerdo al genial John Goodman, en aquella serie de TV americana, Roseanne: "Quien domina el fuego, domina a la mujer." Y sí, desde que el hombre es hombre, el **instinto** carnívoro está presente.

También es cierto que ya no como tanta carne como antes. Cuando los niños eran pequeños, subí de peso y al final acababa atufado de grasa en todas las barbacoas, sin hambre, porque como soy un perfeccionista silencioso, mis amigos me dejaban manejar el fuego. ¿Has visto a algún imbécil mirando fijamente si la carne gotea la cantidad justa de grasa? Es porque está intentando con todas las fuerzas de su mente que la carne esté **jugosa** por dentro y **dorada** por fuera. A veces, ni así queda perfecta, bien porque el carnicero no era amigo tuyo, bien porque el amigo que trajo la carne la compró en Mercadona o en algún sitio peor. El método que me hizo legendario fue hacerme amigo del dueño de El Café de la Academia, en la plaza sant Just, en el distrito Gótico. Siendo un restaurante de renombre de Barcelona, el género de carne roja no les puede fallar, por lo cual tienen un proveedor excepcional.

vegetarianos/as - vegetarians
brasas - hot coals
ganado - cattle
instinto - instinct
jugoso/a - succulent
dorado/a - browned

A Marie le gusta mucho comer en la terraza del Café de la Academia, porque la plaza sant Just tiene una fuente del período gótico que le fascina. También sé qué le atrae tanto de aquella calle. Hay una **quesería** muy bien surtida en género, regentada por otra expatriada, escocesa en este caso, que forma parte de su vida en Barcelona. Y más allá, cruzando la calle Ferran, camino a la plaza del Rei, mi lugar favorito de la ciudad: un establecimiento de **tueste** de café llamado Bon Mercat donde hacen unos croissants de **mantequilla** como mandan los cánones, en vez de **manteca** de cerdo como en las panaderías de barrio anónimas y baratas. Por un momento, mientras una dependienta nos muele el café tostado, París no parece tan lejos y tengo esa sensación que solo el aroma del café recién molido proporciona en gloriosas mañanas, donde todo es posible, incluso unos croissants de mantequilla acompañados de un café con leche reconfortante.

Quesería - cheese shop
tueste (tostar) - browned (to brown)
mantequilla - butter
manteca - lard

PREGUNTAS

1) ¿Dónde va Patrick a calmar la sed tras correr con su amigo Johan?
   a) A su casa.
   b) A casa de Johan.
   c) A La Carabela.
   d) A un bar diferente cada vez.

2) ¿Qué pide Marie cuando va con ellos?
   a) Tacos mejicanos.
   b) Nachos crujientes y guacamole fresco.
   c) Un batido.
   d) Unas arepas.

3) ¿En qué parte del pescado se fija Patrick antes de comprarlo?
   a) En las escamas.
   b) En la cola.
   c) En la boca.
   d) En los ojos.

4) ¿Qué le cocina Patrick a sus hijos tras sus clases de vela?
   a) Un pastel de chocolate.
   b) Un pastel de fresa.
   c) Un pastel de canela.
   d) Un pastel de manzana.

5) Según Patrick, ¿cómo deben hacerse los croissants?
   a) Con mantequilla.
   b) Con manteca.
   c) Con café.
   d) Con queso.

SOLUCIONES

1) C
2) B
3) D
4) D
5) A

RESUMEN

Patrick y Marie aman la comida mediterránea. Patrick nos habla de sus sitios preferidos para comer y comprar comida.

SUMMARY

Patrick and Marie love Mediterranean food. Patrick talks about their favourite places to eat and buy food.

VOCABULARIO

Vino - wine
entremeses - starters
carne roja - red meat
asado/a - roasted
al grill - grilled
tacos *(mexican food)* - tacos
picante - spicy
calorías - calories
sed - thirst
Jengibre - ginger
almuerzo - mid-morning snack
nachos *(mexican food)* - nachos
crujientes - crispy
guacamole - guacamole
consumiciones - drinks
arepas *(venezuelan food)* - arepa
horno de leña - wood stove
hundidos/as - sunken
turgente - turgid
lubina - sea bass
destripe (destripar) - guts (to gut)
descamar - to scale
Leños - logs
clara de huevo - egg white
escamas - scales
fríen (freir) - fry (to fry)
ajo - garlic
aceite de oliva - olive oil
cayena - cayenne
harina - flour
levadura - leavening
canela - cinnamon
rodajas - slices
doy fe (dar fe) - certify (to certify)
vegetarianos/as - vegetarians
brasas - hot coals

ganado - cattle
instinto - instinct
jugoso/a - succulent
dorado/a - browned
Quesería - cheese shop
tueste (tostar) - browned (to brown)
mantequilla - butter
manteca - lard

Text 4. EspectáculoShow / Performance

La jornada de hoy, el último domingo del mes de enero, no está siendo divertida: **por desgracia,** el día se ha despertado gris y nos va a **arruinar** la **recepción** a mediodía en el estudio. Posteamos el evento en Facebook y cada vez que me llega un *"A lo mejor",* que no es un sí o un no, sino todo lo contrario, siento la misma **desgana** de un día gris. Ayer vino un jardinero a **podar** todas las plantas del patio, porque a Marie se le complicó el día. Yo creo que ha hecho bien, porque no me gusta el rollo jardín como una **selva** en invierno. No digo que en verano no se agradezca siempre una buena sombra. Pero no en un día gris de invierno. Por cierto, el domingo que viene espero mejor tiempo, que como cada primer domingo de mes, Palo Alto Market convoca un evento y no me lo pierdo. Ya he puesto en Facebook un *"Voy a ir"* que no ofrezca dudas. Marie también se apunta, ella se apunta a todo. Y hoy está muy animada, ella sabrá el motivo.

por desgracia - unfortunately
arruinar - to ruin
recepción - reception
desgana - apathy
podar - to lop
selva - jungle

En la recepción de hoy, Marie va a **recaudar fondos** para un **micromecenazgo**. Quiere hacer la revista de los expatriados perdidos en Barcelona: a los que vienen a comprar durante una semana el sueño de Barcelona y a los que no quieren volver a su patria. A los que se empadronan en el Ayuntamiento y a los que esconden su pasaporte o lo declaran perdido, acogiéndose al olvido legal de los **apátridas**. Las cifras oficiales solo de la ciudad de Barcelona, hablan de 300.000 **empadronados**. Pero de Plaza Catalunya hasta el paseo marítimo, a saber, el distrito el Raval, Gótico, Born, Poblenou y finalmente la Barceloneta, solo ves nativos de tanto en cuanto, muy raramente. Como si fueran nativos americanos en Las Vegas. Habrá una población **flotante** de expatriados cercana a un millón. Y la mitad acaban de aterrizar en el aeropuerto o desembarcar de un barco de crucero. Y con un millón de lectores, ¿no se puede fundar una revista de papel, a la vieja usanza? Marie dice que el mejor trabajo es el que uno crea. Y siempre tiene razón, claro. Yo lo único que sé hacer es preocuparme de los anunciantes, que han mandado a la papelera revistas muy buenas por la crisis. Conozco esa sensación. Y también la cultura del todo gratis, que es peor que la droga en las calles: uno paga **sumiso** y **sinrechistar** una cerveza de hasta seis euros, pero, ¿una revista, no la regalan con el periódico?

recaudar fondos - raise funds
micromecenazgo - crowdfunding
apátridas - stateless
empadronados/as - registered (in a city)
flotante - floating
sumiso/a - submissive
rechistar - complain
sin rechistar *(colloq expr)* - without saying a word

Marie me calma **poniéndome al tanto** de los detalles, con su característica lógica que no deja un solo resquicio sin explorar. *Time Out* y *Metropolitan* son las únicas revistas en inglés sobre la ciudad, sin **columnas**, con listados comerciales de copia y pega, y muchas celebridades. En octubre *Metropolitan* consiguió sentar a una estrella del rock como Bono (de paso en Barcelona debido a cuatro intensos conciertos de U2) para una entrevista en la terraza de La Carabela, frente al icono de Roy Lichtenstein. Marie estuvo allí y despistada se preguntaba el motivo por el cual hubieran bajado la música y todo el mundo susurrara. A Lewis le faltó tiempo para reclamarle a la redacción de *Metropolitan* que citaran su local por **cortesía**. Sostiene Marie, siempre crítica, que estas revistas no están muy bien dirigidas. La directora de *Metropolitan* es una arquitecta que solo se ocupa de la revista cuando se aburre o no tiene ninguna obra en marcha. Así que siempre hay espacio para nuevas aventuras.

Marie sostiene que no es un trabajo que le vaya a hacer rica. Pero solo con las conexiones, los nuevos locales por pasar revista todavía, la historias humanas de los artesanos que se han instalado en el Gótico y El Born, probablemente haremos un mercado exterior más **ambicioso** que Palo Alto Market, donde todo queda reducido a Javier Mariscal, el diseñador de la **mascota** de los Juegos Olímpicos de Barcelona de 1992, ahora divorciado, arruinado y sin **patrones** que le pasen encargos, abriendo el **legado** de su estudio a los *hipsters* como yo, cada primer domingo de mes. Una historia muy cruel, desde luego. Pero es que tenía 60 empleados que mantener cada mes. Tuvo una racha muy buena, quizá algo **sobrevalorada**, es cierto. Pero la firma de Mariscal sobre cualquier producto era magia, creatividad y casi infantil alegría. ¡Cosas que pasan!

poniéndome al tanto (poner al tanto) - catching up (to catch up)
columnas - columns
cortesía - courtesy
ambicioso/a - ambitious
mascota - mascot
patrones - chiefs
legado/a - legacy
sobrevalorado/a - overrated

Tuve la idea de contratar **músicoscallejeros**. Primero viene una banda que va tocar durante la primera parte de la recepción, una banda cubana con el repertorio clásico de *Buena Vista Social Club*, que toca los domingos por la tarde en el paseo marítimo, cerca del One Ocean Club. La escogí el domingo pasado, mientras volvía de una comida muy larga en casa de unos amigos de la Barceloneta. Tenían **congregado** a un pequeño público, que aprovechaba para escuchar música gratis y tomar el sol sentados en las escaleras del paseo. La banda estará tocando en nuestro estudio entre la una y las dos de la tarde, por 300 euros. Y son seis músicos. Me parece lo justo para que se anime la fiesta, corran las bebidas y Marie pueda trabajarse a sus anunciantes y *sponsors*, como si resolviera el **laberinto** del **minotauro**.

Después, recluté a otro músico callejero cerca de la catedral, un venezolano que huyó de las penurias, y que se trajo consigo un **arpallanera**. Increíble pero cierto. Me parece **vergonzoso** que el Ayuntamiento de Barcelona les exija una **licencia**, cuando tendría que darles un techo por colaborar en hacer de un gris, sombrío y gótico rincón, un mágico lugar con encanto. No me quería aceptar los 100 euros que le ofrecí, me decía que conseguiría más en **propinas**. Siempre he respetado a los músicos porque la música es más sagrada que los lugares donde se escucha. No importa que sea un estadio de cien mil personas. No me convence pagar para hacer karaoke ni siquiera con Bono.

músicos callejeros - buskers, street musicians
congregado - congregated
laberinto - maze
minotauro - minotaur
arpa - harp
llanero/a - plainsman/plainswoman
vergonzoso/a - shameful
licencia - licence/license
propinas - tips

Y de pronto, llega el sol. El patio **resplandece** con mucha más luz después de la poda. El estudio **rebosa** en blanco, ya que el anterior inquilino era un estudio de arquitectura que la **burbujainmobiliaria** mandó al infierno. No lo salvó este blanco inspirado en los Beatles, probablemente en Lennon. Llegan los que el domingo ha despistado. Las chicas que van solas son siempre más **puntuales**, como si temieran perderse algo. Se abre el champán, se pasan bandejas de catering, se hacen los primeros círculos. Vamos bien de tiempo, son las doce y media solamente. Marie se ha puesto espectacular porque llega con el cuchillo en los dientes, dispuesta a comerse el mundo, aunque a todo el mundo le parezca que está divirtiéndose. Todo el mundo **ojea** regularmente sus smartphones. Como si nadie respetara el domingo y el descanso.

La banda cubana llega puntual y muy **cumplidora**, y conquista el centro del jardín, donde hemos **improvisado** una **tarima**. Pero son tantos y algunos instrumentos tan **voluminosos**, como el bajo, que no caben. "Menudo desastre", me gruñe Marie al pasar. Pero la banda deja solo al cantante **lucirse**, mientras ellos rodean la tarima. Claro, yo había contratado seis, pero un "primo" se ha apuntado. Tampoco es para ponerse de los nervios, hay que tener paciencia. Además, la banda toca sin **amplificación**, ni falta que hace. Pronto se crea **ambiente**. Llegan finalmente los invitados más esperados. Marie los va trayendo a todos a su **órbita**, los va **mezclando** como una **pócima**, introduce a unos y otros. La banda ataca el repertorio absolutamente fundida en el **ajetreo** de los recién llegados. La función acaba de comenzar.

resplandece (resplandecer) - shines (to shine)
rebosa (rebosar) - overflows (to overflow)
burbuja inmobiliaria - real-estate bubble
puntuales - on time
ojea (ojear) - take a look (to take a look)
cumplidor(a) - reliable
improvisado (improvisar) - improvised (to improvise)
tarima - platform
voluminosos/as - bulkies
lucirse - to flaunt
amplificación - amplification
ambiente - ambient
órbita - orbit
mezclando (mezclar) - mixing (to mix)
pócima - potion
ajetreo - bustle

Pasa una hora como por arte de magia y la banda se despide entre largos aplausos. No tarda en llegar el humilde venezolano, solitario como un **trovador** perdido en los bosques, con su arpa llanera que ni me explico cómo ha traído. Un arpa de concierto clásico tiene 47 cuerdas y una arpa llanera 32. Y con todo, ¡quizá la ha traído en el metro! Ocupa bien la tarima y empieza a **desgranar** la música de su arpa con sus manos, encantado de encontrarse rodeado de un público previamente **enardecido**. Hay un momento en que el silencio que se crea es una **cadencia** que se hace **morosa**, un río entreteniéndose en **fluir** de nuevo. Y al final se encuentra de nuevo, una vez más, fluyendo hacia su destino. Es cierto que la banda cubana era más animada. Todas las bandas lo son. Pero por una hora encantadora. Cuando caen los colores de la tarde, algo menos ruidoso se adapta mejor.

La función sigue cada vez más tranquila. Marie ya ha conseguido tres citas de negocios con sus inversores, la colaboración de un ilustrador, dieciocho locales que reseñar y más de diez anunciantes. No hizo otra cosa que unir puntos que estaban ahí, en el limbo, perdidos a los ojos de muchos. Quizá le hubiera costado menos tomar la dirección de *Metropolitan* por **asalto**, que era una fruta **madura**. Otra persona lo hubiera hecho así. Pero las personas **emprendedoras** no le quitan el trabajo a otro. Marie dice que el mejor trabajo es el que uno se crea.

trovador(a) - troubadour
desgranar - to separate
enardecido/a - stired
cadencia - cadence
moroso/a - slow
fluir - to flow
asalto - assault
maduro/a *(fruit)* - ripe
emprendedores/as - entrepeneurs

PREGUNTAS

1) ¿Cuál es la temática de la revista que quiere crear Marie?
   a) Los expatriados en Barcelona.
   b) Los españoles en Barcelona.
   c) Turismo.

d) No se sabe.

2) ¿Cuándo toca la banda cubana en el paseo marítimo?
   a) Los domingos por la mañana.
   b) Los domingos por la tarde.
   c) Los sábados por la mañana.
   d) Los sábados por la tarde.

3) ¿Qué instrumento toca el músico venezolano?
   a) El bajo.
   b) El violín.
   c) La trompeta.
   d) El arpa.

4) ¿Qué problema tiene la banda cubana al llegar a la recepción?
   a) Se les han olvidado los instrumentos.
   b) No caben en la tarima.
   c) No se saben ninguna canción.
   d) A los asistentes no les gustan.

5) ¿Cuántos locales para reseñar consigue Marie en la recepción?
   a) 3.
   b) 10.
   c) 18.
   d) 8.

SOLUCIONES
1) A
2) B
3) D
4) B
5) C

RESUMEN
Marie quiere crear una nueva revista y decide hacer una recepción en su estudio para recaudar fondos. Patrick decide contratar músicos para ayudar a Marie.

SUMMARY
Marie wants to create a new magazine and decides to make a reception in their study to raise funds. Patrick decides to hire musicians to help Marie.

VOCABULARIO

por desgracia - unfortunately
arruinar - to ruin
recepción - reception
desgana - apathy
podar - to lop
selva - jungle
recaudar fondos - raise funds
micromecenazgo - crowdfunding
apátridas - stateless
empadronados/as - registered (in a city)
flotante - floating
sumiso/a - submissive
rechistar - complain
sin rechistar *(colloq expr)* - without saying a word
poniéndome al tanto (poner al tanto) - catching up (to catch up)
columnas - columns
cortesía - courtesy
ambicioso/a - ambitious
mascota - mascot
patrones - chiefs
legado/a - legacy
sobrevalorado/a - overrated
músicos callejeros - buskers, street musicians
congregado - congregated
laberinto - maze
minotauro - minotaur
arpa - harp
llanero/a - plainsman/plainswoman
vergonzoso/a - shameful
licencia - licence/license
propinas - tips
resplandece (resplandecer) - shines (to shine)
rebosa (rebosar) - overflows (to overflow)
burbuja inmobiliaria - real-estate bubble
puntuales - on time
ojea (ojear) - take a look (to take a look)

cumplidor(a) - reliable
improvisado (improvisar) - improvised (to improvise)
tarima - platform
voluminosos/as - bulkies
lucirse - to flaunt
amplificación - amplification
ambiente - ambient
órbita - orbit
mezclando (mezclar) - mixing (to mix)
pócima - potion
ajetreo - bustle
trovador(a) - troubadour
desgranar - to separate
enardecido/a - stired
cadencia - cadence
moroso/a - slow
fluir - to flow
asalto - assault
maduro/a *(fruit)* - ripe
emprendedores/as - entrepeneurs

Text 5.En la estación(At the train station.)

Marie ha terminado su discurso agradeciendo la presencia de los invitados a la recepción, citándolos a todos para el número de Marzo de la revista LOST IN BCN. No tengo ni idea de si el músico de arpa llanera ha conseguido todas las propinas que pensaba. Por si acaso, me acerco a Tulio, y le dejo 100 euros en el sombrero. Observo a Marie hablando muy divertida con unos de los principales **mecenas** de LOST IN BCN. Pienso que es su fiesta, así que le dejo hacer mientras busco al trovador solitario, casi confundido con el equipo de catering que recoge, ya casi **enfilando** la estación de tren más próxima, la Estación de Francia, donde tiene que subirse al tren que le llevará a Reus. Le digo a Marie que salgo a acompañar al músico para estirar las piernas.

Después de bordear el Parque y el Zoo, llegamos a la estación, una joya **modernista** de la Exposición Universal del 1929, cuyas monumentales **marquesinas** curvadas hacen de sus **andenes** una especie de invernadero. Después de las Olimpiadas del 1992, la estación ha quedado fuera de las principales líneas que ahora **confluyen** en la Estación de Sants, por lo tanto, el enjambre de maletas rodando de turistas despistados no tiene punto de comparación. Más bien es una estación anticuada, todavía con **toperas** hidráulicas, de la época romántica de los trenes, cuando de aquí partían los nocturnos hacia la ciudad de las luces.

Mecenas - patron
enfilando (enfilar) - heading for (to head for)
modernista - modernist
marquesinas - door canopies
andenes - platform
confluyen (confluir) - converge (to converge)
toperas - buffer stops

Mientras Tulio dormita como un felino debajo de su sombrero, como si estuviera durmiendo una siesta, yo me despido con unas palabras, y a mi salida pienso en la historia de la ciudad y el tren, y en los trabajos que produjo. Una memoria que es solo viaje en el tiempo. Pero como todo viaje tiene su comienzo. La llegada del ferrocarril a la ciudad de Barcelona en 1848 propició importantes cambios en la estructura urbana de la ciudad y determinó, en parte, la configuración del **ensanche** diseñado por Ildefons Cerdà. Las necesidades **logísticas** para la implantación del ferrocarril eran de gran **envergadura** y condicionaron la **morfología** urbana de forma notable. **Depósitos**, **aguadas**, almacenes, estaciones, playas de vías, etc, necesitaban extensiones importantes de terreno para situarse. La existencia de diferentes líneas de ferrocarril construidas con anterioridad a su proyecto de ensanche obligó a Cerdà a elaborar sucesivos **replanteamientos** que posibilitasen la obligada **simbiosis** entre ferrocarril y trazado urbano.

En 1848, Barcelona todavía mantenía intacto el recinto **amurallado**. Desde finales del siglo XVIII, se habían instalado progresivamente en su interior nuevas fábricas, lo cual implicaba graves problemas para el crecimiento de la ciudad, que tuvo que hacerse aumentando la altura de las casas, que eran como mucho de un piso o dos. Fábricas y talleres se mezclaron con viviendas obreras, con condiciones de **salubridad** cada vez más penosas. Además, la ciudad estaba considerada **plaza fuerte**, lo cual obligaba a que el territorio situado en frente de las murallas estuviese vacío hasta una distancia de un tiro de **cañón**. La situación no se resolvería hasta 1858, cuando la ciudad perdió definitivamente tal condición, conservando las zonas militares de Montjuic y la Ciudadela.

Ensanche - expansion district
logísticas - logistics
envergadura - magnitude
morfología - morphology
depósitos - tanks
aguadas - watering places
replanteamientos - reconsiderations
simbiosis - symbiosis

amurallado/a - fortified
salubridad - health standards
plaza fuerte - stronghold
cañón - cannon

Entre 1848 y 1864 se construyó gran parte de la red de ferrocarril catalana de vía ancha, que culminaría finalmente en 1898, con la ciudad de Barcelona como centro de un trazado **radial**. Las primeras estaciones de ferrocarril de la ciudad se construyeron antes del derribo de las murallas, pero fuera del recinto, a excepción de la estación de ferrocarril de Granollers.

La primera estación en construirse en toda la península ibérica correspondió a la línea del ferrocarril de Mataró, la **estacióncabecera** que se situó entre el **suburbio** portuario de la Barceloneta y la Ciudadela, en el inicio de la avenida del Cementerio.

Muy cerca de aquella, pero dentro del recinto amurallado, se construyó la segunda estación que tuvo la ciudad, la de la línea de Granollers, en donde hoy se encuentra la estación de Francia, en unos terrenos de huertos **cedidos** por el ayuntamiento que limitaban con la calle Ocata, muy cerca del edificio de la Aduana (hoy Gobierno Civil). Después de atravesar la muralla, su **trazado** discurría hasta la actual plaza de las Glorias, adentrándose en el Clot, donde se situaban los talleres de la compañía, para continuar hacia San Andrés del Palomar, desde donde continuaba el recorrido hasta la localidad de Montcada.

La tercera estación en construirse fue la del ferrocarril de Martorell, en la zona conocida como Riera de Malla, hoy en día plaza Cataluña esquina Ronda Universidad. El primer tramo, hasta la localidad de Molins de Rei, fue inaugurado en 1854. El trazado por la ciudad discurría por la plaza Letamendi, calle Aragón y avenida Roma, entonces sin edificar, para adentrarse en el municipio de Sants. En 1854 se había completado el derribo de las murallas de la ciudad, pero todavía se construirían tres estaciones más. La estación de la compañía del ferrocarril de Barcelona a Zaragoza (1862) se situó en los terrenos de lo que más tarde sería la avenida de Vilanova, en la zona de los Huertos de San Pedro. Remodelada a principios del siglo XX por el arquitecto Demetrio Ribes, prestaría servicio ferroviario hasta 1972, reconvertida desde entonces en estación de autobuses. Por otro lado, la compañía del ferrocarril de Barcelona a Sarriá, creada en 1858, construyó la estación de inicio de la línea en los terrenos de la futura plaza de Catalunya, muy próxima a aquella del ferrocarril de Martorell. Su trazado discurría por la calle Balmes hasta llegar al municipio de Gracia, desde donde, a través de la vía Augusta, atravesaba el municipio de San Gervasio, para finalizar en Sarriá. La última de las grandes estaciones **novecentistas** que se construyó fue la de la compañía del *Ferrocarril de Valls a Vilanova y Barcelona* (VVB), que posteriormente cambiaría su denominación por *Ferrocarriles Directos de Madrid y Zaragoza a Barcelona*. Inaugurado su primer tramo en 1881, tenía su estación cabecera en la zona conocida como Huertos de San Beltrán, muy próxima a las **atarazanas**. Su trazado discurría por detrás de la montaña de Montjuïc, en paralelo a la carretera del Morrot, hasta adentrarse en los terrenos de la marina de Sants.

Radial - radial
estación cabecera - terminal station
suburbio - suburb
cedidos (ceder) - transfered (to transfer)
trazado - route
novecentistas - nineteenth-century style
atarazanas - dockyard

Pronto las dificultades financieras de la compañía obligaron a su absorción por la compañía de los *Ferrocarriles de Tarragona a Barcelona y Francia* (TBF), quedando aquella primera estación sin servicio de pasajeros y trasladándose, ya en 1917 al Morrot, en terrenos ganados al mar, configurándose como la gran estación de **mercancías** de la ciudad de Barcelona. Desde su creación en 1875, la compañía del TBF había iniciado los trabajos para unir todas sus líneas, ya que había ido absorbiendo progresivamente aquellas de Mataró, Granollers, Martorell y, finalmente, Vilanova. El proyecto de unión de las diferentes líneas presentado por la compañía suponía la unión de las estaciones barcelonesas a través de las calles Aragón y Marina, cruzando el paseo de

Gracia mediante un **túnel**. La estación central de la compañía pasaba a ser la de la línea de Granollers que, ya en el siglo XX, sería sustituida por la actual estación de Francia, inaugurada en 1929 durante la Exposición Universal.

El caso es que en 1882 circulaba el primer tren a través del nuevo enlace y dos años más tarde se derribaba la estación de la Riera de Malla, que había quedado sin función con la construcción del nuevo trazado. Fue de las primeras estaciones de ferrocarril en derribarse en la ciudad de Barcelona. Con posterioridad, y después de la absorción en 1887 de la línea de Valls y Vilanova, la compañía TBF construyó un nuevo tramo para enlazar la estación del Prat de Llobregat y la estación de la Bordeta, en el municipio de Sants. Con esta solución, los trenes de Vilanova podían también aprovechar el nuevo enlace a través de la calle Aragón y llegar a la estación cabecera del TBF, en el paseo de la Aduana. Después de no prosperar la fusión del TBF con la compañía del Norte, la gran compañía de Madrid a Zaragoza y Barcelona (MZA) acabaría adquiriéndola en 1899. Finalmente, en 1902 se inauguraba el **apeadero** de paseo de Gracia en su cruce con la calle Aragón. Se da el caso de que después de estas grandes incidencias para adaptar la vieja ciudad al ferrocarril, la estación del tren de alta velocidad de la Sagrera sigue sin prosperar, como si todo el dinero que le destinan se evaporara sin remedio. La justicia hace su trabajo, dicen. Pero lo cierto es que el Ayuntamiento de Barcelona no sabe dar a los vecinos una fecha límite y las obras siguen agotando la paciencia de muchos. Nunca hubo una obra tan controvertida como esta. De hecho, se supone que con la construcción de la estación de la Sagrera, la conexión con Francia estará completa. Falta, claro está, que no haya más robos de **tendido eléctrico** por parte de bandas dedicadas al hurto de **cobre**.

Mercancías - goods
túnel - tunnel
apeadero - stopping place
tendido electric - power lines
cobre - copper

PREGUNTAS

1) ¿Cómo se va a llamar la revista de Marie?
    a) Expatriados en BCN.
    b) Lost in BCN.

c) Perdidos en BCN.
d) Apátridas en BCN.

2) ¿Qué le deja Patrick a Tulio de propina?
   a) 10 euros.
   b) 20 euros.
   c) 50 euros.
   d) 100 euros.

3) ¿Cuándo perdió Barcelona la condición de plaza fuerte?
   a) En 1848.
   b) En 1858.
   c) En 1864.
   d) En 1929.

4) ¿A qué línea de ferrocarril correspondía la primera estación que se construyó en la península?
   a) Mataró.
   b) Granollers.
   c) Montcada.
   d) Martorell.

5) ¿En qué año se inauguró el apeadero de paseo de Gracia?
   a) 1887.
   b) 1899.
   c) 1902.
   d) 1912.

SOLUCIONES
1) B
2) D
3) B
4) A
5) C

RESUMEN
Tras la recepción de Marie, Patrick acompaña al trovador a coger el tren que le llevará a su casa. Mientras vuelve a casa, piensa en la historia del ferrocarril en Barcelona.

SUMMARY
After Marie's reception, Patricks accompanies the troubadour to take the train which will take him home. While he is coming back home, he thinks about the history of the railway in Barcelona.

VOCABULARIO

Mecenas - patron
enfilando (enfilar) - heading for (to head for)
modernista - modernist
marquesinas - door canopies
andenes - platform
confluyen (confluir) - converge (to converge)
toperas - buffer stops
Ensanche - expansion district
logísticas - logistics
envergadura - magnitude
morfología - morphology
depósitos - tanks
aguadas - watering places
replanteamientos - reconsiderations
simbiosis - symbiosis
amurallado/a - fortified
salubridad - health standards
plaza fuerte - stronghold
cañón - cannon
Radial - radial
estación cabecera - terminal station
suburbio - suburb
cedidos (ceder) - transfered (to transfer)
trazado - route
novecentistas - nineteenth-century style
atarazanas - dockyard
Mercancías - goods
túnel - tunnel
apeadero - stopping place
tendido electric - power lines
cobre - copper

Text 6. Arte (Art)

Cuando se subió a un **escenario** con su arpa llanera por vez primera, me contaba Tulio antes de que me despidiera en el andén de la Estación de Francia, una parte de su consciencia se **iluminó**. De repente, fue esa luz la que precipitó a Tulio a un camino sin retorno: el de realizar su mayor sueño, que su trabajo personal fuera **contemplado** por los espectadores como una función sin más, y no como algo realizado por una persona con **discapacidad**. No tuve ni idea hasta aquel momento que era un arpista con poca **visión**, discreto con su viejo sombrero negro. Es difícil **normalizar** lo que desde siempre ha estado marcado por la diferencia. Porque no solamente se trata de la superación de las **limitaciones** que ejerce la propia persona con discapacidad como algo interno suyo, sino también de cómo la ven, la viven y la entienden aquellos que, en principio, no presentan esas limitaciones. Algunos consideran las discapacidades diversas no como una ausencia de capacidad, sino como una aportación, un valor añadido en cualquier manifestación artística.

Escenario - stage
iluminó (iluminar) - lighted up (to light up)
contemplado/a (contemplar) - contemplated (to contémplate)
discapacidad - disability
visión - vision
normalizar - tonormalize/normalise
limitaciones - limitations

El artista con discapacidad proyecta su nivel de identidad y provoca en el espectador reacciones, ya sean positivas o negativas. La devolución de esas reacciones **retroalimentan** al creador haciendo que éste estimule su nivel de **autoestima**, utilice sus recursos internos, se descubra a sí mismo dentro de todas sus posibilidades y potencie su valor como persona en el entorno social. En este sentido, el arte supone, ante todo, una forma de expresarse, un nuevo lenguaje de comunicación.

Cuentan que lo más admirable de Gaby Brimmer (poetisa mejicana nacida con una **parálisis** cerebral **tetrapléjica** grave de origen **perinatal** que le impedía cualquier movimiento o expresión, a excepción de su pie izquierdo) era su voluntad absoluta para vencer su enfermedad. Era una niña rubia de delicadas facciones. Sus padres habían tenido un hijo perfectamente sano dos años y medio antes, David. Cuando la llevaron a la casa, David se puso de **puntillas** junto a la cuna para ver qué regalo le habían traído, qué sorpresa yacía tras el velo de tul. Al apartarlo vio que la niña se **arqueaba** de la cabeza a la punta de los pies. Entonces su madre descubrió junto a su hijo algo totalmente desconocido para ambos: los **espasmos** de la parálisis cerebral.

retroalimentan (retroalimentar) - feed back (to feed back)
autoestima - self-esteem
parálisis - paralysis
tetrapléjico/a - quadriplegic
perinatal - perinatal
puntillas - tiptoes
arqueaba (arquear) - arched (to arch)
espasmos - spasms

De muy niña, cuando Gaby deseaba ir de un lugar a otro y no había nadie junto a ella, se **arrastraba** en el piso hasta sacarse **ampollas**. Luego vino Florencia Morales Sánchez, y a partir de los cinco años Gaby vivió **resguardada** tras Florencia, su nana, que la protegió de las miradas de los curiosos envolviéndola en su abrazo. Así, envuelta en los fuertes brazos de Florencia, ¿quién podría hacerle más daño a Gaby que su propia enfermedad? Hay pocas enfermedades tan terribles como la parálisis cerebral. Pocas con mayor poder en contra del espíritu del hombre. El cuerpo es una cárcel, un manojo de nervios, células y tejidos entrelazados que no responden. El cerebro ordena, la mano no obedece, y si lo hace es de una forma tan patética y descontrolada que más valdría que no se hubiese movido. Por eso es fácil para un paralítico cerebral pasarse los días medio dormido.

Gaby Brimmer, *la gaviota,* escogió la lucha. Con el único miembro de su cuerpo que le respondía, el pie izquierdo, siempre descalzo, aprendió a señalar en un tablero colocado a los pies de su silla de rueda las letras del alfabeto y así formar palabras que se convertirían en ideas. Así pudo comunicarse con los demás, y lo más importante y notable, imponerse a ellos. Tanto, que logró completar su educación primaria, secundaria y asistir a la universidad.

arrastraba (arrastrar) - dragged(to drag)
ampollas - ampoules
resguardado/a (resguardar) - protected (to protect)

La admirable Florencia la acompañó en todo momento. La cogía en brazos, la sacaba del coche, la sentaba en la silla de ruedas y asistía a las clases con ella. Hasta aprendió a conducir para poder llevarla y traerla. Gaby se **enojaba** cuando alguien decía que era Florencia quien hacía las tareas, la que resolvía los problemas. Florencia no tuvo vida propia por vivir la vida de Gaby. Su entrega fue absoluta. Y cuando Gaby decidió adoptar a una niña, Alma Florencia, la nana se hizo cargo no sólo de Gaby sino de la recién nacida Alma.

Muerta a los 52 años de un paro cardiaco, Gaby conoció días de gloria, primero con un libro autobiográfico, *Gaby Brimmer,* y luego con la versión cinematográfica de este libro realizada en Hollywood, dirigida por Luis Mandoki, con la sueca Liv Ullmann, la argentina Norma Aleandro - la maravillosa actriz de *La historia oficial-* y la estadounidense Rachel Levin, que incluso llegó a parecerse físicamente a Gaby. La película fue filmada en Cuernavaca con la participación de varios miembros de APAC, la Asociación por Parálisis Cerebral fundada por Carmelina Ortiz Monasterio, quien ha llevado a cabo una tarea **titánica** y ha ayudado mucho no sólo a los discapacitados sino a sus madres, a las que saca de su **desesperación** y su **apatía**, al ofrecer para ellas clases de baile, gimnasia, costura, cocina... oficios diversos que han hecho que familias enteras recuperen su alegría de vivir y sobre todo, que no escondan ni se avergüencen de sus discapacitados. Con el título de "*Gaby Brimmer. A* *true story as told to Luis Mandoki"*, el director grabó su historia, pero el título resulta una **falacia**, ya que Mandoki se enteró de la vida de Gaby mediante el libro y la mayor parte de las escenas están tomadas directamente de éste. Era difícil que Gaby se inventara otra biografía. La historia de su vida es lo suficientemente impactante **por sí misma.**

enojaba (enojar) - got angry (to get angry)
titánico/a - titanic
desesperación - desperation
apatía - apathy
falacia - fallacy
por sí mismo/a - by it/him/herself

Cuando apareció el libro en México en diciembre de 1979, de la noche a la mañana Gaby conoció un éxito espectacular, y a su casa situada en la calle de Las Flores acudieron muchísimas personas en busca de su ejemplo y de su **fortaleza**. Jóvenes y viejos, mujeres y ancianas, madres de familia con niños problemáticos... Una verdadera *corte de los milagros* se instaló a las puertas de su casa para verla y recibir sus enseñanzas, y sobre todo contagiarse con su **inquebrantabletenacidad**. Gaby empezó a dar conferencias, asistir a congresos médicos, inaugurar actos en centros culturales, encabezar grupos de discapacitados, apadrinar obras de teatro, planear guiones de posibles películas, crear centros de lectura y talleres literarios, etcétera. Un club de admiradores se formó en torno a ella, y hasta viajó a Cuba, invitada por ellos. Sin embargo, no hay nada más **efímero** que la celebridad. Al cabo de los años, Gaby volvió a encontrarse a solas con su extraordinaria nana, Florencia, y su hija, Alma Florencia. Publicó un libro de cartas y otro de impresiones y poemas que no conoció el éxito del libro anterior.

En cierta manera, esta historia **palidece** en comparación con la archiconocida Frida Kahlo, pero también me parece más cercana. Al fin y al cabo, Frida hasta antes de su accidente, habiendo superado la **polio**, podía ser más o menos independiente. Gaby Brimmer no tuvo esa clase de paréntesis, como todos los que nacen ya discapacitados, que no han conocido otra vida que la que tienen. Yo sigo pensando en Tulio y su escasa visión; el arpista ciego, como aquellos que contrataban los egipcios para entretenerse y disponer también de la intimidad que quisieran en el momento oportuno. Es difícil saber, tres mil años después, si nacían ciegos o les **arrancaban** los ojos **aconveniencia**, como hacían con los **eunucos**. Yo sinceramente pienso en lo último, porque la **civilización** egipcia era horriblemente cruel.

Fortaleza - fortitude
inquebrantable - unbreakable
tenacidad - tenacity
efímero/a - brief
palidece (palidecer) - turns pale (to turn pale)
polio - poliomyelitis
arrancaban (arrancar) - pulled up(to pull up)
a conveniencia - conveniently
eunuco - eunuch
civilización - civilization/civilisation

No olvidemos ni por un momento que también hay escritores discapacitados. ¡Yo soy uno de ellos! No es que me falte un brazo como a Cervantes. O sea ciego como Homero, que por eso recitaba la Odisea a tumba abierta. O tenga una parálisis cerebral como el poeta irlandés Christopher Nolan al que Bono dedicó *Miracle Drug.* Pues no, lo mío no es tan trágico. Soy **disléxico** como Hans Christian Andersen, Agatha Christie, Roberto Bolaño o Richard Ford, por nombrar solo unos cuantos. Tiene Thomas Mann una frase genial sobre el tema: "Un escritor es alguien a quien escribir le resulta más difícil que a los demás." Además, me crié en un entorno **políglota** bastante **endemoniado**, por decirlo educadamente. Pero volviendo al principio de este capítulo, la discapacidad es una aportación, un valor añadido. Tomando uno de los autores citados, Andersen, podemos dar por sentado que nunca hubiera escrito "El Patito Feo" sin este valor añadido. Para alguien con la autoestima por los suelos y de quien todo el mundo se **burlaba** socialmente, inclusive las bellas cantantes suecas de ópera a quien cortejaba sin ninguna fortuna, el acto de escribir se convertía en una **catarsis**. Este valor añadido, este plus de

motivación del cual carecen los afortunados, sin duda hizo de Andersen el genial **cuentista** que conocemos. Y es que es bien sabido que sin este plus de motivación, ¿quién tendría la idea de **exorcizar** tantos demonios?

disléxico/a - dyslexic
políglota - multilingual
endemoniado/a - possessed
burlaba (burlar) - mocked (to mock)
catarsis - catharsis
motivación - motivation
cuentista - storyteller
exorcizar - toexorcize

PREGUNTAS

1) ¿Qué discapacidad tiene Tulio?
   a) Dislexia.
   b) Sordera.
   c) Poca visión.
   d) Parálisis.

2) ¿Por qué se arqueaba Gaby Brimmer en la cuna?
   a) Porque tenía problemas de espalda.
   b) Por los espasmos de la parálisis cerebral.
   c) Porque era una niña inquieta.
   d) Para jugar.

3) ¿Quién era Florencia Morales?
   a) La madre de Gaby.
   b) La hermana de Gaby.
   c) Una amiga de Gaby.
   d) La nana de Gaby.

4) ¿Cómo se comunicaba Gaby?
   a) Señalando letras con su pie derecho.
   b) Señalando letras con su pie izquierdo.
   c) Hablando.
   d) Escribiendo.

5) ¿Qué discapacidad tiene Patrick?
   a) Dislexia.
   b) Sordera.
   c) Poca visión.
   d) Parálisis cerebral.

SOLUCIONES
1) C
2) B
3) D
4) B
5) A

RESUMEN
Cuando Patrick va con Tulio a la estación de tren, descubre que tiene una minusvalía, y nos pone ejemplos de artistas con discapacidades.

SUMMARY
When Patrick goes with Tulio to the train station, he discovers that Tulio has a disability, and he sets some examples of artists with disabilities.

VOCABULARIO

Escenario - stage
iluminó (iluminar) - lighted up (to light up)
contemplado/a (contemplar) - contemplated (to contémplate)
discapacidad - disability
visión - vision
normalizar - tonormalize/normalise
limitaciones - limitations
retroalimentan (retroalimentar) - feed back (to feed back)
autoestima - self-esteem
parálisis - paralysis
tetrapléjico/a - quadriplegic
perinatal - perinatal
puntillas - tiptoes
arqueaba (arquear) - arched (to arch)
espasmos - spasms
arrastraba (arrastrar) - dragged(to drag)
ampollas - ampoules
resguardado/a (resguardar) - protected (to protect)
enojaba (enojar) - got angry (to get angry)
titánico/a - titanic
desesperación - desperation
apatía - apathy
falacia - fallacy
por sí mismo/a - by it/him/herself
Fortaleza - fortitude
inquebrantable - unbreakable
tenacidad - tenacity
efímero/a - brief
palidece (palidecer) - turns pale (to turn pale)
polio - poliomyelitis
arrancaban (arrancar) - pulled up(to pull up)
a conveniencia - conveniently
eunuco - eunuch
civilización - civilization/civilisation
disléxico/a - dyslexic
políglota - multilingual
endemoniado/a - possessed

burlaba (burlar) - mocked (to mock)
catarsis - catharsis
motivación - motivation
cuentista - storyteller
exorcizar - toexorcize

Text 7. Coche (car)

Esta mañana el coche me ha dejado **tirado** en medio del tráfico, **a laaltura** de la Ronda del Litoral, en las afueras de Barcelona. He tenido una suerte inmensa, porque me pasa este **percance** dentro de los túneles de la ciudad y no lo cuento. También agradezco que fuera solo. Lo peor de estas situaciones es cuando estás acompañado y tienes que **lidiar** con el **pánico** del pasaje. O aún peor, con el pánico **sobrevenido** de ver a tus seres más queridos en peligro. El disco del **embrague** se ha gastado y ya no daba para cambiar **marchas**, así que me he encontrado a 80 km/h, con tres**filas** de coches a mi derecha respetando el mismo límite de velocidad, conducidos por gente con prisa, impaciente, estresada, como solo pueden estar las personas normales a las cinco de la tarde, la hora de salir de trabajar. No exagero, una **manada** de **búfalos** en **estampida**. La **inercia** del coche ha sido la suficiente para llegar hasta el **arcén** con todos los **intermitentes** puestos, y **estacionar** el coche en un cambio de **rasante**. A cien metros, la boca del túnel. Repito, una suerte inmensa. Y el susto de que me di, como tantos otros, que sean a cuenta de las vidas del gato.

tirado/a - abandoned
a la altura - at the level
percance - setback
lidiar - to deal
pánico - panic
sobrevenido (sobrevenir) - happened suddenly (to happen suddenly)
embrague - clutch
marchas - gears
filas - rows
manada - herd
búfalos - buffalos
estampida - stampede
inercia - inertia
arcén - (hard) shoulder
intermitentes - turn signal/indicator
estacionar - to park
rasante - slope

Mi relación con los coches comenzó tarde. Cuando era joven me interesaba más comprar libros que mantener un coche: el **garaje**, el **seguro**, la **gasolina**, las **reparaciones**, las **multas**. Si vives en la ciudad, el coche no es necesario, a menos que vivas en las afueras de la ciudad. Así que tenía **presupuesto** de sobra para comprar todos los libros que quisiera. Esta dicha me duró hasta la mañana soleada de un mes de noviembre del siglo pasado. Había dormido bien durante la noche, pero un sueño absurdo se coló durante la madrugada. Yo aparecía **conduciendo** por una carretera desierta al amanecer. Por regla general, no le doy ninguna importancia a los sueños. Y este sueño me parecía igual que en los que pensaba que era el Capitán Nemo. O sea, nada importante. Sin embargo, al día siguiente tuve el mismo sueño absurdo, casi **calcado**. A veces, uno tiene esa canción que le ronda la cabeza o un anuncio de coche original, algo que ha visto pero no sabe muy bien dónde. La memoria hace este y otros guiños a la conciencia. Así que por segunda vez no le di ninguna importancia al sueño mencionado. Pero caí en la cuenta de que mi hermano Nicholas tenía a la venta un coche que no usaba, un nostálgico Volkswagen **Escarabajo** de color naranja hippie.

Garaje - garage
seguro - insurance
gasolina - petrol/gas
reparaciones - repairs
multas - fines
presupuesto - budget
conduciendo (conducir) - driving (to drive)
calcado (calcar) - copied (to copy)
escarabajo - beetle

Dicen que estar enamorado es una **proyección** sobre un sujeto, objeto o lugar determinado. Por eso es normal que los sueños y el proceso en que podemos enamorarnos de una chaqueta bien cortada guarden ciertas semejanzas. Por tercer día consecutivo me veía **rodando** por una carretera desierta al amanecer; esta vez el sueño florecía en detalles que antes se me habían escapado. Como que había estado conduciendo toda la noche hacia Lisboa, un viaje de mil kilómetros **de un tirón**, sin pararme a dormir, escuchando Oasis **a todo trapo** por encima del **ronroneo** del **motor** que me transportaba. Con la **ventanilla** bajada para apoyar el codo, sentía el aire frío de la aurora dándome en la cara. Nadie estaba a mi lado. Pero no me sentía solo porque tenía una cita amorosa en Lisboa.

Mientras hacía el café y desayunaba, con prisas porque tenía que empezar pronto a trabajar, me sentía nervioso. Me fumé un cigarrillo de unas cuantas **caladas** (por entonces fumaba) y empecé a reírme solo de la idea que tomaba forma en mi cabeza. Era un mundo **radiante** y feliz. Descolgué el teléfono y llamé a mi hermano. Le dije que tenía un comprador para su coche. Me preguntó si era de **fiar** y si pagaba lo que pedía. Le contesté que sí, que lo conocía y que era de fiar, por supuesto. Era yo mismo. Por descontado, me citó para cuando acabara de trabajar a pasar por su casa. Eso hice, impulsado por una certeza propia de que pronto estaría viajando en coche por esa carretera desierta, a través de uno de esos **parajes** de la meseta castellana, donde las nubes se pierden en la distancia.

proyección - projection
rodando (rodar) - rolling (to roll)
de un tirón - all at once
a todo trapo (coll.) - at full speed
ronroneo - purring
motor - engine
ventanilla - window
caladas - puffs
radiante - radiant
fiar - to trust
parajes - spots

El Volkswagen Escarabajo era una especie de **tanque** alemán con un motor que ronroneaba por dos **tubos de escape**, como dos maracas. El **pedal** del embrague era muy particular porque el motor estaba colgado atrás, más allá del **eje** trasero. No tenía mucha **potencia**, claro está, pero cumplía de sobra con mi idea de disfrutar conduciendo. Es verdad que tenía un **volante** enorme, demasiado grande, tanto que me llegaba casi a las rodillas. No había manera de que racionalmente me convenciera de que era un capricho. Lo dicho, los sueños y el proceso por el cual quedamos enamorados de un sujeto, un objeto o lugar, guardan ciertas semejanzas.

Al día siguiente ya me había endeudado con un coche que no necesitaba. El caso era que no tenía carnet de conducir. Pero estos son detalles que no me molestaban entonces. Pronto, acabé por pintarlo de color blanco crema y sacarme el carnet. Me gustaba conducir fuera de Barcelona y hacer trayectos con **curvas**, porque era como bailar con una mujer con mucho trasero. El Escarabajo **sobreviraba** si no **frenaba** y entraba en la curva con una marcha corta. Y si la carretera estaba sucia o mojada, era mejor conducir con los cinco sentidos. En la ciudad apenas lo sacaba, porque no era para la conducción urbana, sino para disfrutar del paisaje.

Tanque - tank
tubos de escape - tailpipes
pedal - pedal
eje - axle
potencia - power
volante - steering wheel
curvas - curves
sobreviraba (sobrevirar) - oversteered (to oversteer)
frenaba (frenar) - braked (to brake)

Tardé algún tiempo en encontrar un motivo para viajar hasta Lisboa. Era cuestión de paciencia que sueño y realidad se cruzaran para encontrarse definitivamente. Para aquel entonces, hablo de la época de las cintas de **radiocasete** del siglo pasado, las canciones de Oasis ya las tenía aburridas y mi ánimo enamoradizo me llevó hasta The Cure. Sonrío escribiendo esto porque ahora me doy cuenta de que el ronroneo del motor, en realidad, parecía una moto más que un coche, de ahí que optara por aquellas guitarras amplificadas hasta el máximo.

Así pues, con una semana libre por delante, un marzo **tormentoso** me puse a conducir desde Barcelona hasta Lisboa, quizá movido por la fiebre primaveral. Salí de la ciudad y pronto llegué a la **autopista**, donde no llegaba nunca al límite de velocidad, pero mantenía una **velocidad de crucero** de 100 km/h sin los problemas que tendría por carreteras **secundarias** con tráfico. Pero la autopista la tenía que abandonar después de Zaragoza, para tratar de hacer camino hasta Lisboa sin pasar por Madrid. Y cuando abandoné la autopista, cayó de pronto una noche **estrellada** sobre la meseta de Soria. No tenía ni pizca de sueño. Nadie estaba a mi lado escuchando un relato de esos con los cuales obsequiar a los confidentes. Pero tampoco me sentía solo, porque en Lisboa me esperaban para el día siguiente.

radiocasete - radio casette
tormentoso/a - stormy
autopista - highway
velocidad de crucero - cruising speed
secundarios/as - secondary
estrellado/a - starry

Mantenía bajo vigilancia la temperatura del **aceite**, pues era un motor boxer **refrigerado** con aire, como una moto BMW, con el mismo escandaloso ronroneo. Me detuve en una **gasolinera** en mitad de la nada a llenar el depósito. Esperé a que el motor se enfriara para medir el **nivel** de aceite; cada mil kilómetros, por increíble que parezca, necesitaba **reponer** cerca de un litro.   Todavía hacía frío pero las heladas nocturnas propias de la zona, por fortuna, habían remitido. Daba patadas al suelo para desperezarme las piernas y observaba al empleado de la gasolinera detrás de su mostrador. Cuando fui a pagarle, me miraba con la suspicacia destinada para clientes no habituales.

Fue una noche preciosa. Hubo un momento en que me harté de las cintas y conducía ya sin música. Era impresionante no encontrarse a nadie en la carretera. Si me hubieran dicho que el mundo se había acabado, me lo hubiera creído. Muy de vez en cuando veía luces en la **lejanía**, farolas viejas de algún pueblo perdido del campo castellano. La noche era estrellada, muy distinta a las noches de Barcelona, donde la **contaminación lumínica** y la humedad de la **ribera** no dan para muchas **constelaciones**. En aquella carretera de **rectas** interminables, tenía la sensación que la Luna viajaba conmigo. Pronto, la **aurora** de rosados dedos, fue desplazando el brillo de las últimas estrellas. Y entonces sí, puse una cinta de Oasis que me había reservado para la ocasión, bajé la ventanilla y saqué la mano fuera para ser plenamente consciente del momento. Yo soy de la opinión de que ciertos momentos hay que vivirlos sin preocupaciones, así que pisé el **acelerador** a fondo y abrí los dedos de la mano que había sacado fuera para sentir el aire veloz convertirla en una especie de ala, suave en el gesto, como si acariciara el aire que la eleva. Conducía veloz por los paisajes del sueño. Nada me inquietaba y seguía tan despierto como para soñar con los ojos abiertos.

Aceite - oil
refrigerado - cooled
gasolinera - petrol/gas station
nivel - level
reponer - to replace
lejanía
distance
contaminación lumínica - light pollution
ribera - riverbank
constelaciones - constellations
rectos/as - straight
aurora - dawn
acelerador - gas pedal

PREGUNTAS

1) ¿Qué problema tuvo Patrick con su coche?
   a) Se ha gastado el disco del embrague.
   b) No funcionaban los intermitentes.
   c) Se ha quedado sin gasolina.
   d) Se ha chocado con otro coche.

2) ¿Por qué Patrick no tuvo coche de joven?
   a) Porque le daba miedo conducir.
   b) Porque no tenía dinero.
   c) Porque le interesaba más comprar libros.
   d) Porque iba en bici a todos sitios.

3) ¿A dónde conducía Patrick en su sueño?
   a) A Madrid.
   b) A Lisboa.
   c) A Barcelona.
   d) A Valencia.

4) ¿De qué color pintó el coche Patrick?
   a) Naranja.
   b) Negro.
   c) Verde.
   d) Blanco crema.

5) ¿Cuándo tenía que abandonar la autopista?
   a) Después de Soria.
   b) Después de Madrid.
   c) Justo antes de llegar a Lisboa.
   d) Después de Zaragoza.

SOLUCIONES

1) A
2) C
3) B
4) D
5) D

RESUMEN

Cuando era joven, a Patrick no le interesaban los coches. Tras unos misteriosos sueños, decide comprarse uno y conducir hasta Lisboa.

SUMMARY

When he was young, Patrick wasn't interested in cars. After some mysterious dreams, he decided to buy one and drive to Lisboa.

VOCABULARIO

tirado/a - abandoned
a la altura - at the level
percance - setback
lidiar - to deal
pánico - panic
sobrevenido (sobrevenir) - happened suddenly (to happen suddenly)
embrague - clutch
marchas - gears
filas - rows
manada - herd
búfalos - buffalos
estampida - stampede
inercia - inertia
arcén - (hard) shoulder
intermitentes - turn signal/indicator
estacionar - to park
rasante
slope
Garaje - garage
seguro - insurance
gasolina - petrol/gas
reparaciones - repairs
multas - fines
presupuesto - budget
conduciendo (conducir) - driving (to drive)
calcado (calcar) - copied (to copy)
escarabajo - beetle
proyección - projection
rodando (rodar) - rolling (to roll)
de un tirón - all at once
a todo trapo (coll.) - at full speed
ronroneo - purring
motor - engine
ventanilla - window
caladas - puffs
radiante - radiant
fiar - to trust

parajes - spots
Tanque - tank
tubos de escape - tailpipes
pedal - pedal
eje - axle
potencia - power
volante - steering wheel
curvas - curves
sobreviraba (sobrevirar) - oversteered (to oversteer)
frenaba (frenar) - braked (to brake)
radiocasete - radio casette
tormentoso/a - stormy
autopista - highway
velocidad de crucero - cruising speed
secundarios/as - secondary
estrellado/a - starry
Aceite - oil
refrigerado - cooled
gasolinera - petrol/gas station
nivel - level
reponer - to replace
lejanía
distance
contaminación lumínica - light pollution
ribera - riverbank
constelaciones - constellations
rectos/as - straight
aurora - dawn
acelerador - gas pedal

Text 8.Naturaleza (Nature)

Cuando necesito cambiar de aires porque hace días que no llueve y el aire está muy **cargado**, no hay nada mejor que respirar otros aires diferentes a los de la misma ciudad. Pero no en plan *dominguero* de hartarse a comida. Prefiero hacer deporte, coger un buen mapa, una **brújula** y aventurarme por los bosques que no estén llenos de **arbustos** bajos. Y cuando puedo, apuntarme a una carrera de **orientación**. Esta clase de carreras son consideradas un deporte nacional en los países nórdicos, que poseen bosques en los cuales se puede correr sin tener que esquivar **zarzas** o adentrarse en accidentes del terreno, sin saber lo que se tiene delante. Las carreras de orientación en la naturaleza son un deporte perfecto para aprender a encontrar el equilibrio entre correr y escoger la ruta que menos **desgaste físico** tenga. Para ello, hay que aprender a bordear los **desfiladeros**, sin perder altura, buscando referentes en el terreno que estén indicados en el mapa. Después de hacer tanto asfalto corriendo por el paseo marítimo, se agradece correr por el mullido bosque.

cargado/a - oppressive
dominguero/a *(pejorative)* - sunday driver
brújula - compass
arbustos - bushes
orientación - orientation
zarzas - blackberries
desgaste físico - burnout
desfiladeros - defiles

Cuando Marie está de viaje por Asia, mis hijos me reclaman más atenciones de lo normal, y los llevo a **montar a caballo**, por la montaña que protege Barcelona de los vientos del norte, más conocida como Montseny. Hace años encontré a un guía que te lleva por rincones impensables del parque natural, en vez tenerte encerrado en un finca, que por muy bonita que sea, siempre te da la sensación de estar en un **picadero**. Además, ¿para qué están los parques naturales? Están protegidos contra el tráfico de **todoterrenos** y las motos de montaña, quads incluidos, por lo tanto, no hay ningún peligro de que algún caballo se asuste y tenga que **lamentar** alguna caída de Lee, el más pequeño. De John no me preocupo en absoluto porque es mucho más hábil; el problema que tengo con él es hacerle ver que la **prudencia** es necesaria. Pronto dará el estirón y no habrá quien lo pare.

El guía que nos acompaña es un catalán llamado Sergi, que se viste de la cabeza a los pies de cuero, con la chaqueta llena de **flecos**, como si fuera el mismo Buffalo Bill, no sé si porque entiende que de esta manera viste propiamente para su oficio o simplemente porque está fuera de lugar. Llevo años viniendo con los niños, desde que eran más pequeños y montaban en **poni**, por lo que hay un ambiente de confianza y rutina, que es la mejor manera de tratar a los catalanes. No es que yo sea **asiduo**, pero ya nos conocen aquí. A quien no conocen es a Marie, que no soporta el **intenso** olor de los caballos y **declina** por sistema todas las **invitaciones**. Pero los niños y yo no solemos faltar al comienzo de la primavera, cuando la naturaleza está en su mayor **esplendor**.

montar a caballo - ride a horse
picadero - riding school
todoterrenos - four-wheels
lamentar - to regret
prudencia - caution
flecos - fringes
poni - pony
asiduo/a - regular
intenso/a - intense
declina (declinar) - declines (to decline)
invitaciones - invitations
esplendor - splendour

A caballo, desde Santa Fe, apenas se distingue la montaña Morou, que parece **devorada** por el denso **hayedo** que envuelve todo este alto **valle**, suspendido a media ladera del **macizo**. Tan sólo en invierno, cuando los árboles han perdido todo el **follaje**, se intuye algo del **relieve** de esta

75

redondeada montaña. Pero incluso así, el gran protagonista es el bosque, que coloniza todos los rincones de la montaña. La ruta sigue por un largo camino; y ofrece innumerables oportunidades para sacar buenas fotografías, pero entonces caeríamos en la rutina de parar en cada sitio. Y eso es mala idea cuando se monta a caballo, porque luego te dan ganas de pararte a almorzar y a echarte la siesta. Hay panorámicas sobre el puente principal del Montseny, que une el Turó de l'Home con Les Agudes, y que apenas puede verse desde el Morou. Un desnivel de cerca de mil metros hasta Arbúcies y Breda y, sobre todo, una pendiente pronunciada, surcada de **agujas** rocosas y **canales**, contrasta con la placidez que se respira en lo alto. A veces, cuando el día es seco y hay buena visibilidad, se puede avistar en el horizonte la sierra de Tramontana de la isla de Mallorca.

Para **avistar** mejor la isla de Mallorca, la mejor manera que conozco es embarcarme con mi amigo Christian, que tiene un **velero** de cuarenta y cinco pies **amarrado** en el Port Olímpic, a los pies del Hotel Arts y la Torre Mapfre, ambas edificaciones tan monstruosas como las torres de Hércules. Así pues, cuando Marie está de vuelta de un viaje largo y yo estoy quemado, tengo **licencia** para desaparecer por no más de una semana. Tenemos una idea de la **navegación** bastante cómoda y ponemos el **piloto automático** nada más salir del puerto. Aparejamos la vela con un rumbo cómodo, que nos evita golpes molestos contra las olas y salpicaduras saladas, y en cuanto perdemos de vista las luces de la costa, conectamos el **radar** y nos ponemos a dormir **acunados** por el mar. Solo de vez en cuando, suena la alarma y me levanto para asomarme a cubierta, pensando que la alarma lleva una hora sonando y me he dormido.

> **devorado/a (devorar) -** devoured (to devour)
> **hayedo -** beech
> **valle -** valley
> **macizo -** massif
> **follaje -** foliage
> **relieve -** relief

redondeado/a - round
agujas - spires
canales - canals
avistar - to spot
velero - sailing boat/sailboat
amarrado/a (amarrar) - tied (to tie)
licencia - licence/license
navegación - navigation
piloto automatic - autopilot
radar - radar
acunados/as (acunar) - rocked (to rock)

En **cubierta**, aparte del lío de **cabos** que se usan en la maniobra, y que están recogidos en la **bañera**, la vela mayor y la **génova** están bien infladas, señal de que el viento apenas ha cambiado desde que las **aparejamos**. Necesito mi tiempo para ver qué provoca la alarma del radar, que en la pantalla señala la masa de hierro enorme de un barco **mercante**, mientras que en la noche solo veo dos luces más bajo un cielo lleno de estrellas. Los buques de crucero, con más luces siempre que un árbol de Navidad, resultan fácilmente divisables. Con todo, nunca hemos tenido más problemas que los que hemos causado nosotros por despistes varios, que no vienen al caso. En cuanto amanece, la sierra de Tramontana anuncia la isla con bastante antelación. Antes habrán de visitarnos un grupo de peces, que ensombrecen el agua de pronto o salen disparados en un corto vuelo sobre ella. Justo detrás, a poca distancia, pero bastante ruidosos, la manada de **delfines** que los persigue para comérselos.

Según nos vamos acercando a la isla, aparecen pequeñas barcas de pescadores dedicadas a la pesca de **langostas**, que en estas latitudes tienen bastante **renombre**. Los pescadores son hombres envejecidos por la **intemperie** y procuramos siempre sortearlos por la **proa**, a fin de evitarles daños en la pesca. En verano los pescadores buscan de la manera que sea ponerse a cubierto del Sol con toda clase de sombreros, o improvisan con cualquier tela un **parasol** que les aguante.

Cubierta - deck

La **cala** donde **anclamos** está relativamente cerca de Sóller. Alguien vive en una casa colgada de las montañas, hay una especie de **mirador** cerca de la orilla, y poco más que agua turquesa y rocas. No es lo que se dice una playa concurrida, más bien es una cala desierta. En agosto puede ser que algún otro velero tenga la misma idea. Pero no es una cala muy visitada, porque si el viento **rola** desde el Oeste, se convierte en una **ratonera** de la cual hay que salir como sea, antes de que el mar te empuje hacia las rocas. Desde junio hasta primeros de noviembre son los meses apropiados para nadar y **bucear**. Es como un trocito de paraíso. Claro que entiendo que si bucear y nadar no son actividades que a uno le apasionen, puede ser que con veinte minutos de admirar la cala ya tenga bastante y esté deseando llegar a Sóller, donde se puede encontrar bastante animación. Y si no, a Palma de Mallorca, que está relativamente cerca. Cuando Christian quiere ir a Palma, por las razones que sean, me ofrezco yo como segundo de abordo y entonces me doy el mayor de los placeres, que no es otro sino escribir en mi Macbook.

Christian no es un expatriado. Vive en Lausana en una casa a la orilla del lago Léman y cuando quiere navegar, coge el tren hasta el aeropuerto de Ginebra y en menos de cuatro horas se embarca en su velero. A mí me encantaría vivir en Lausana durante los veranos, que es cuando Barcelona tiene un clima demasiado caluroso para mi gusto templado. Por supuesto, Marie adora Suiza, en especial el **cantón** de Vaud, porque es de habla francesa; es natural, a Coco Chanel también le gustaba. La orilla del lago es una ruta maravillosa para salir a correr, pues en la otra orilla se despliegan **majestuosos** los Alpes franceses. Uno puede correr desde Lausana bien hacia Morges o bien hacia Vevey, según sople el viento o le convenga. Si se corre hacia Vevey, terrazas de **viñedos** escalan las suaves colinas, que de pronto se escarpan y aparecen las montañas. Hay puertos pequeños con embarcaciones de vela que son como salidos de un cuento. Pienso en Lutry mientras escribo.

Cala - cove
anclamos (anclar) - anchor (to anchor)
mirador - viewpoint
rola (rolar) - veers (to ver)
ratonera - death trap
bucear - to dive
cantón - canton
majestuosos/as - majestics
viñedos - vineyard

PREGUNTAS

1) ¿Dónde son consideradas las carreras de orientación un deporte nacional?
   a) En España.
   b) En Estados Unidos.
   c) En Francia.
   d) En los países nórdicos.

2) ¿Dónde lleva Patrick a los niños cuando Marie está de viaje?
   a) A montar a caballo.
   b) A navegar.
   c) A jugar al futbol.
   d) Se quedan en casa viendo la televisión.

3) ¿Por qué Marie no les acompaña nunca?
   a) Porque siempre está de viaje.
   b) Porque nunca la invitan.
   c) Porque no soporta el olor de los caballos.
   d) Porque le dan miedo los caballos.

4) ¿Cuándo sale Patrick a navegar con su amigo Christian?
   a) Cuando Marie vuelve de un viaje largo.
   b) Cuando hace buen tiempo.
   c) Cuando tiene vacaciones en el trabajo.
   d) Cuando se aburre.

5) ¿Dónde vive Christian?
   a) En Barcelona.
   b) En Lausana.
   c) En Mallorca.
   d) No se sabe.

SOLUCIONES
1) D
2) A
3) C
4) A
5) B

RESUMEN
A Patrick le encanta la naturaleza. A veces sale a pasear por el monte, lleva a los niños a montar a caballo o, tras los largos viajes de Marie, se va a navegar con su amigo Christian para relajarse.

SUMMARY
Patrick loves nature. Sometimes he goes out for a walk in the mountain, he brings the kids to ride horses or, after Marie's long trips, he goes sailing with his friend Christian to relax.

VOCABULARIO

cargado/a - oppressive
dominguero/a *(pejorative)* - sunday driver
brújula - compass
arbustos - bushes
orientación - orientation
zarzas - blackberries
desgaste físico - burnout
desfiladeros - defiles
montar a caballo - ride a horse
picadero - riding school
todoterrenos - four-wheels
lamentar - to regret
prudencia - caution
flecos - fringes
poni - pony
asiduo/a - regular
intenso/a - intense
declina (declinar) - declines (to decline)
invitaciones - invitations
esplendor - splendour
devorado/a (devorar) - devoured (to devour)
hayedo - beech
valle - valley
macizo - massif
follaje - foliage
relieve - relief
redondeado/a - round
agujas - spires
canales - canals
avistar - to spot
velero - sailing boat/sailboat
amarrado/a (amarrar) - tied (to tie)
licencia - licence/license
navegación - navigation
piloto automatic - autopilot
radar - radar
acunados/as (acunar) - rocked (to rock)

Cubierta - deck
cabos - ropes
bañera - bath
génova - jib
aparejamos (aparejar) - prepared (to prepare)
mercante - merchant
delfines - dolphins
langostas - lobsters
renombre - renown
intemperie - outdoors
proa - prow
parasol - sunshade
Cala - cove
anclamos (anclar) - anchor (to anchor)
mirador - viewpoint
rola (rolar) - veers (to ver)
ratonera - death trap
bucear - to dive
cantón - canton
majestuosos/as - majestics
viñedos - vineyard

Text 9. Case (Home)

Antes de de comprar la casa que tenemos en las afueras de Barcelona, Marie se encontró con el problema de vender una casa que tenía en Francia, cerca de Lyon. Una sola vez estuve allí y me encantó el lugar. Pero mi **percepción** era a título personal. Siempre me ha gustado Francia porque es un país muy diferente a cualquier país que conozca. Aunque ya se sabe, esta es la historia de todos los expatriados: todo el mundo, incluido los franceses, quieren tener un clima distinto al que les ha tocado. Y es de esta manera que siempre se encuentran **liberándose** de las **raíces**, porque tales raíces ya son más una **traba** que una fuente de inspiración. Una casa es el lugar donde estas raíces son más fuertes, uno recuerda su vida en familia, los objetos que le **certifican** un **pasado**. Marie no se hizo escritora de viajes por **capricho**. Con un padre **diplomático**, había tenido una vida de viajes en lugares muy distintos, escuchando idiomas distintos. Por eso, esta casa cerca de Lyon le resultaba un dolor de cabeza, y quería cerrar esta etapa.

Percepción - perception
liberándose (liberar) - releasing (to release)
raíces - roots
traba - obstacle
certifican (certificar) - certify (to certify)
pasado - past
capricho - whim
diplomático/a - diplomatic

Recuerdo que hablamos mucho sobre el tema, con los planes de futuro que nosotros empezábamos a **vislumbrar**. Ella tenía sus razones, que son las mismas de cualquier expatriado, al fin y al cabo. "Limpiarle la cara y dejarla **lista** para vender", le repetían nuestros amigos. "Deja que un **interiorista** se encargue de ello". Y este fue el motivo que llevó a Marie a **teclear** en Google "Interiorista Lyon". Así fue como Marie conoció a

Vanessa; con una **consigna** fría y el buscador más grande e **impersonal** del mundo, empieza ahora esta historia.

Marie odiaba aquella casa en la que había visto enfermar y morir a su madre. La odió desde el principio. Y después de pasar allí otros cinco años viviendo, entre viajes que tenía asignados, la **detestaba**aún más. El **recibidor** tenía un espejo frente al que solía detenerse para respirar hondo y pensar: "Aguanta. ¡Vamos!, tú puedes hacerlo. Entra con una sonrisa".

> **Vislumbrar -** to glimpse
> **lista -** ready
> **interiorista -** interior designer
> **teclear -** to type
> **consigna -** procedure
> **impersonal -** impersonal
> **detestaba (detestar) -** detested (to detest)
> **recibidor -** hall

Después giraba la **manivela** de una puerta vieja y entraba en el **salón**. Allí se sentaba su madre, sobre una **mecedora** color vino. La cocina, casi tan pequeña como el recibidor, aún olía a **medicamentos**, a llantos silenciosos. Frente a la cocina, comunicadas por un **pasillo** de paredes **ocres**, había tres habitaciones: una, intocable, aún guardaba los **enseres** de la madre. La otra, los recuerdos de su familia. Y la tercera, cuatro trapos y cuatro libros de una hermana ausente, que también odiaba la casa y pasaba todo el tiempo posible en cualquier otro lugar.

—Sólo quiero limpiarle la cara y dejarla lista para vender –le repitió Marie a Vanessa.
—Me parece estupendo. ¿A qué zona te gustaría irte cuando la vendas?
— ¡Ah, no! Volveré a empezar aquí; en este mismo barrio, pero con una casa que me guste.
Vanessa sonrió **tímidamente**.
—Si no quieres irte de este barrio, ¿por qué quieres vender la casa?
Marie no tardó ni un segundo en contestar a la pregunta.
—Porque la odio.

Vanessa volvió a sonreír.

—Si no te gusta a ti, no le gustará a nadie.

—Lo sé. Por eso quiero cambiarla.

—Bien. Entonces hagámoslo juntas y consigamos primero que te guste a ti.

—Ya he decidido venderla –comentó Marie, en un tono **tajante**.

—Lo sé. Y si te gusta, venderla te resultará muchísimo más fácil.

A la semana siguiente Vanessa le llevó a Marie los **planos** de la **reforma** y el presupuesto. Observaron juntas el espacio mientras Vanessa le indicaba los cambios que había pensado.

Manivela - handle
salón - living room
mecedora - rocking chair
medicamentos - medicines
pasillo - hallway
ocres - ochres
enseres - essentials
tímidamente - shyly
tajante - categorical
planos - plans
reforma - remodeling/remodelling

—Quitaremos el recibidor y los **tabiques** que separan la cocina del salón. Convertiremos la entrada en un sitio luminoso y práctico; una cocina mucho más grande, una mesa comedor para utilizar cada día y un sofá en ele, ¿cómo lo ves?

—Bien. Supongo que se adapta mejor a las necesidades de cualquier comprador.

—Lo sé. Pero, ¿qué te parece a ti? ¿Te gusta la idea?

Marie asintió con la cabeza.

—Y esta habitación también la **suprimiremos** –añadió Vanessa, refiriéndose a la habitación de la madre –Aquí pondremos un espacio diáfano independiente; un espacio privado para que tu hermana pueda estudiar, hacer su vida.

— ¿Qué relación tiene mi hermana con esto?

—Los posibles compradores también podrían tener una hermana o una hija, ¿no? Eso les facilitaría las cosas.

—Sí. En eso tienes razón.

—Así que dejaremos solamente dos habitaciones grandes pero mucho más espacio. Sería ideal para un matrimonio con una hija o un hijo **adolescente**, o para un matrimonio que quiera tener más espacio.

— ¿Y qué pasa si tienen dos hijos?

—Hay **tropecientas** casas en el mercado. No le podemos gustar a todo el mundo ni nos podemos adaptar a todo el mundo, pero sí podemos contentar a un **segmento** concreto de mercado y de esta manera multiplicar nuestras posibilidades de éxito.

Marie volvió a asentir con la cabeza.

—Tienes razón. Esta casa **transmite** sensación de **agobio**. Tres habitaciones tal vez sean demasiadas para un espacio tan pequeño.

Tabiques - partitions
suprimiremos (suprimir) - will remove (to remove)
diáfano/a - diaphanous
adolescente - teenager
tropecientos/as *(colloq)* - zillion
segmento - sector
transmite (transmitir) - transmits (to transmit)
agobio - stress

A la semana siguiente empezaron las **obras**. Una parte del presupuesto estaba destinado a sustituir los muebles viejos por otros de Ikea. Así que, mientras los **albañiles** hacían su parte del trabajo, Marie y Vanessa se fueron juntas de tiendas.

Quitaron las **cubiertas** inclinadas, eliminaron la **chimenea** tradicional y la cambiaron por una de bioetanol que se activaba desde el teléfono móvil; la **terraza** quedó completamente al descubierto, más amplia, conectada a todas las habitaciones y con **barandillas** de vidrio que permitían el disfrute del jardín y de las vistas a la montaña. Con ayuda de un **jardinero** especializado, rehicieron por completo los exteriores e interiores, unos orientados al máximo aprovechamiento del espacio y los recursos de diseño, los otros luminosos. Crearon un **porche** con leds en el que descansar y celebrar reuniones al aire libre.

Tres semanas después de la primera reunión, Marie y Vanessa volvían a sentarse juntas en el salón, en la mesa del comedor, justo en frente de un sofá en ele de **terciopelo envejecido**. Las paredes, completamente blancas, dejaban que las nuevas ideas y los nuevos tiempos corriesen a su antojo de un lado al otro. La cocina, con acabados **lacados** brillantes, **tiradores**, **cajones** grandes y toques de color, estimulaba el apetito y la creatividad.

Obras - constructions
albañil - builder
cubierta - roofs
chimenea - fireplace
terraza - terrace
barandilla - rail
jardinero - gardener
porche - porch
terciopelo - velvet
envejecido/a - distressed
lacados - lacquers
tiradores - handles
cajones - drawers

—¿Qué te parece?
—Quiero invitar a mi hermana a cenar. Tengo muchas ganas de celebrar esto.

Cerraron dos asuntos pendientes sin importancia: los **pintores** tenían que darle una segunda capa a los dormitorios y volver a **empastar** y repasar algunos **agujeros**. Antes de irse, Vanessa puso en una mesita, justo al lado de la puerta de entrada, un ramo de rosas blancas.

—Intenta tener siempre flores aquí. Quedan bien y a los compradores les gustan estos detalles.
Marie asintió con la cabeza; se aproximó a Vanessa y la abrazó.
—Gracias.
—Gracias a ti. Seguiremos en contacto.

El sábado de esa misma semana, con las habitaciones ya acabadas y los agujeros empastados y pintados, Marie recibió a su hermana. Había preparado para ella su comida preferida: Raviolis a la Putanesca. Los platos blancos y la salsa roja acompañaban perfectamente a los muebles modernos y las paredes impolutas.

— ¡Marie! ¡Qué cambio tan grande!
—Lo sé. ¿Te gusta?

Después de tantos años deseando **largarse** de aquella casa, a la hermana de Marie le faltaba entereza para reconocer que ahora quería quedarse. Estaba temblando; estaba temblando dentro de un sueño de colores actuales que le hablaba de cambios, nuevos comienzos, nuevos caminos. A la hora del postre, mientras sacaba el pastel del frigorífico, se levantó de la mesa, fue hasta la entrada y se quedó observando con detenimiento el ramo de rosas.

— ¿Quién te lo ha regalado?
—Es cosa de la interiorista —respondió Marie mientras cortaba el pastel—. Ya sabes, a los compradores les gustan esas cosas.
—Pues yo diría que estas rosas son para ti —repuso enseñándole a su hermana una pequeña tarjeta que había pasado **inadvertida**.

Pintores - painters
empastar - to fill
agujeros - holes

largarse *(colloq)* **-** to leave
inadvertido/a - unnoticed

"Espero que al final le des otra oportunidad a esta casa… y que la disfrutes muchísimo. Con todo mi cariño, Vanessa."

Marie sabía, con la misma **certeza** con la que sabemos nosotros aquello que tenemos frente a los ojos, que la casa se había liberado, y gracias a Vanessa probaron **disposicionesdiáfanas**, más acordes a lo que ella era. Marie se marchó de aquella casa y se desvinculó por completo, llegó otro propietario y otro y otro. Todos entraron y se fueron, con la misma ligereza con la que viene y se marcha el viento, sin lograr observar ni entender más allá de los muros, sin detenerse a inventar otras sonrisas entre las líneas de las ventanas, otras miradas sobre las **tejas** inclinadas ni otros sueños que sujetaran las columnas.

Cuentan que en todas las casas habita un espíritu, a veces asociado a personas que ya no están, a veces asociado a otros mundos. ¿Y si ese espíritu fuese en realidad la propia alma de la casa? ¿Y si cada casa tuviera una esencia, una personalidad, una voz propia que desea despertar y acompañarnos?

Certeza - certainty
disposiciones - layout
diáfanos/as - diaphanous
tejas - tiles

PREGUNTAS

1) ¿Qué decidió hacer Marie para vender la casa?
   a) Dejar que sus amigos la reformaran.
   b) Pintarla ella misma.
   c) Contratar a una interiorista.
   d) Nada, la vendió tal cual.

2) ¿Por qué quería Marie vender la casa?
   a) Porque la odiaba.
   b) Porque era muy pequeña.
   c) Porque necesitaba el dinero.
   d) Porque quería mudarse a otra ciudad.

3) ¿Qué reformas hicieron en la casa?
   a) Quitar el recibidor y los tabiques que separaban la cocina del salón.
   b) Dejaron sólo dos habitaciones pero más grandes.
   c) Crearon un porche en el que descansar.
   d) Todas las anteriores.

4) ¿Qué hizo Marie cuando la casa estuvo acabada?
   a) Invitar a la interiorista a cenar.
   b) Invitar a su hermana a cenar.
   c) Invitar a Patrick a cenar.
   d) Decidir que no quería venderla.

5) ¿Qué le decía la interiorista a Marie en la nota?
   a) Que vendiera la casa por un precio muy elevado.
   b) Que la reforma aún no estaba completa.
   c) Que la recomendara a sus amigos.
   d) Que le diera otra oportunidad a la casa.

SOLUCIONES
1) C
2) A
3) D
4) B
5) D

RESUMEN

Marie odiaba la casa de Francia en la que había muerto su madre. Decidió contratar a una interiorista para reformarla y poder venderla.

SUMMARY

Marie hated the house where her mother had died in France. She decided to hire an interior designer to remodel it and be able to sell it.

VOCABULARIO

Percepción - perception
liberándose (liberar) - releasing (to release)
raíces - roots
traba - obstacle
certifican (certificar) - certify (to certify)
pasado - past
capricho - whim
diplomático/a - diplomatic
Vislumbrar - to glimpse
lista - ready
interiorista - interior designer
teclear - to type
consigna - procedure
impersonal - impersonal
detestaba (detestar) - detested (to detest)
recibidor - hall
Manivela - handle
salón - living room
mecedora - rocking chair
medicamentos - medicines
pasillo - hallway
ocres - ochres
enseres - essentials
tímidamente - shyly
tajante - categorical
planos - plans
reforma - remodeling/remodelling
Tabiques - partitions
suprimiremos (suprimir) - will remove (to remove)
diáfano/a - diaphanous
adolescente - teenager
tropecientos/as *(colloq)* - zillion
segmento - sector
transmite (transmitir) - transmits (to transmit)
agobio - stress
Obras - constructions
albañil - builder

cubierta - roofs
chimenea - fireplace
terraza - terrace
barandilla - rail
jardinero - gardener
porche - porch
terciopelo - velvet
envejecido/a - distressed
lacados - lacquers
tiradores - handles
cajones - drawers
Pintores - painters
empastar - to fill
agujeros - holes
largarse *(colloq)* - to leave
inadvertido/a - unnoticed
Certeza - certainty
disposiciones - layout
diáfanos/as - diaphanous
tejas - tiles

Text 10. Descripción - Description

Otra de las **debilidades** que me concede Marie a la vuelta de sus viajes de Asia, es irme a Ampurias. Allí hice una vez la instrucción **paracaidista** para saltar sin tener a alguien amarrado a mi espalda, como si yo fuera un paquete. Quería saltar solo. Aprendí a cómo caer sin lesionarme por medio de un ejercicio de **torsión**: el giro. Y por girar se entendía caer desde dos metros de altura, con los pies de las botas levantadas, para evitar caer con las puntas, y flexionando las rodillas. Además había que acompañar la caída con la cadera, con la espalda **encorvada** y los codos levantados como un boxeador con la guardia en alto, cerrando los puños... casi nada. Y volteé un martes, un miércoles y un jueves entero. Y llegó un viernes. Me ajusté los **mosquetones** de los **arneses** de los paracaídas. Llegaba el **tufo** dulzón del **queroseno** de los aviones calentando motores. Y esperé mi turno. Así pasó un tiempo que se me hizo largo.

Nos fuimos encaminando hacia un Caribou que acaba de tomar tierra, un viejo De Havilland. Grandes alas capaces de planear por las alturas con el porte de un **cóndor**. Este pájaro tenía mucha historia; sus motores **renqueaban** a menudo.

Debilidades - weaknesses
paracaidista - skydiver
torsión - torsion
encorvado/a - stooped over
mosquetones - carabiner
arneses - harnesses
tufo*(colloq)* **-** stink
queroseno - kerosene
cóndor - condor
renqueaban (renquear) - sputtered (to sputter)

A veces se me ocurren ideas y las escribo. Otras veces las ideas no llegan a **fraguarse** y me dejan una palabra como señal; sé que si tomo la señal y la fijo en un papel, en un futuro, me llevarán hasta la idea. Ahora, el jefe de salto, sentado junto a la puerta abierta, saca la mano al vacío para buscar el cristal del aire: está ahí, a su alcance, para confirmar que no estamos en un **simulador** de vuelo, sino que avanzamos a unos doscientos nudos. Abro la cremallera del mono de salto y saco una libreta de bolsillo que siempre llevo conmigo.

El jefe de salto que nos tocaba nos dio aviso y me incorporé como hacía el resto de la gente, que le siguió en fila india con el primero al frente. Caminé por la pista intentando convencerme que la cosa iba en serio, mientras los motores de **hélice** **zumbaban** y el **portón** del avión se abría con lentitud. En la cola del pájaro de hierro recibí de lleno aquel tufo dulzón de la combustión del queroseno; lo recibí de lleno y con suficiente fuerza como para agacharme. El jefe de salto y su ayudante hacían pasillo para introducir al grupo en la **bodega** del **fuselaje**. Me senté en las **banquetas** de lona según el orden establecido. Y a esperar otro rato. El pájaro de hierro marchaba sobre sus ruedas hacia la pista de despegue y el portón **hidráulico** se replegaba; luego, se detuvo en la cabecera de pista e hizo rugir sus motores al máximo con los frenos calzados, en espera de la orden de la torre de vuelo. El jefe de salto, el mismo que nos había instruido, a la luz de la puerta de salto nos repitió una vez más lo fundamental.

“¡Recordad! ¡El Rey del Rock'n'Roll! ¿Cómo se llamaba?”
“¡¡Elvis Pelvis!!”

Fraguarse - conceive
simulador - simulator
hélice - airscrew
zumbaban (zumbar) - buzzed (to buzz)
portón - gate
bodega - hold
fuselaje - fuselage
banquetas - benchs
hidráulico/a - hydraulic

La torre de vuelo dio orden de **despegue** inmediato al piloto del pájaro de hierro, porque los frenos dejaron de existir y empezó la carrera por la pista. Yo había volado antes en alguna línea comercial, sin embargo, aquella carrera por la pista era una cosa distinta: ninguna **azafata** daba instrucciones de emergencia, el ruido de las hélices era espantoso y no había **cinturones de seguridad** que ajustarse. El pájaro de hierro se **embalaba** más deprisa sin temer a los **baches** hasta llegar al despegue, momento en que el vértigo me clavó al asiento de lona. Miré por la ventanilla que me tocaba para asegurarme que volaba.

Esta vez el paisaje no era veloz, sino de una lentitud **esponjosa**. Veía huertas y árboles frutales, después vino un paisaje desértico, casi lunar, azotado por las **estrías** de la erosión. El pájaro de hierro enfiló la zona de lanzamientos conocida como el Colchón, una zona de unas tres o cuatro hectáreas, cuyas lindes la formaban unos olivos. Se escuchó una breve chicharra de aviso y se encendió una luz roja en la puerta de salto.

Estaba viviendo una **iniciación** y aunque mis nervios se **desbocaban** por todo aquello que llevaba encima, recuerdo que no era el miedo, si no las ganas de saltar lo único que sentía. Por fin, se encendió la chicharra y la luz verde. El jefe de salto empezó a ordenar **lanzamientos** allá donde no había nada. Lo hacía con cierta **parsimonia**, como si en su mano tuviera una raqueta de tenis y estuviera ensayando unos *drives* para calentarse. Eso daba confianza, todo hay que decirlo. Era fácil, no había lugar para otra cosa, únicamente había lugar para la acción.

Despegue - take off
azafata - flight attendant
cinturones de seguridad - safety belt
embalaba (embalar) - sped up (to speed up)
baches - pothole
esponjoso/a - fluffy
estrías - grooves
iniciación - initiation
desbocaban (desbocar) - bolted(to bolt)
lanzamientos - launchs

parsimonia - calmness

Aquellos que me **precedían**, desaparecían por la puerta. Cuando llegó mi turno, lancé con fuerza mi cuerpo a través de la puerta. Subí la guardia como un boxeador. Me sentí despedido por el potente **rebufo** de las hélices, tiré de la **anilla** y cuando quise darme cuenta, la blanca campana del paracaídas se desplegó sobre mí, con el registro de un paraguas de mano en un día de lluvia y viento racheado. Con idéntico temor a que el **artilugio** no resistiera una racha inesperada. En las alturas, el silencio era roto por los compañeros de curso, que aullaban como **energúmenos**; más de uno trató de comunicarse con otro a gritos como vecinos napolitanos. El vértigo había desaparecido sin más y disfrutaba del suave descenso cantando. Envuelto por aquella imponente visión, lo importante consistía en no atontarse y mantener los nervios fríos para acordarse de todo lo que me enseñaron. Tiraba de las bandas del paracaídas para ponerme contra viento, vigilaba el estado de la campana, aseguraba los mosquetones del arnés... Mientras resolvía estos **pormenores**, de nuevo era consciente de la altura y el vértigo volvía, aunque menor, porque la euforia bastaba. El suave descenso llegaba a su fin y me preparé para el volteo, según Elvis Pelvis. No hubo encontronazo: fue más agradable que en los **fosos** de **grava** del campo de instrucción paracaidista. Todos los compañeros estaban radiantes comentando lo mejor del salto.

En el segundo salto nos dejaron hacer caída libre, en vez de abrir el paracaídas nada más abandonar el avión. El primer compañero en saltar se puso de espaldas al vacío, al borde de la **plataforma**: se ajustó las gafas, separó las piernas y abrió los brazos a la altura de la cintura. Pegó un bote y quedó suspendido en el rebufo del Caribou por un segundo escaso, como si fuera un hombre pájaro que nos seguía, para luego empezar a caer a plomo. Yo le seguí sin perderlo de vista y salí con la misma postura: en flecha. La verdad es que no tenía nada que ver con el salto anterior. Era todo **adrenalina**.

Tanta adrenalina había en la caída libre que esto debería de estar escrito en presente de **indicativo**.

precedían (preceder) - went before (to go before)
rebufo - slipstream
anilla - pin
energúmenos/as - maniacs
pormenores - details
fosos - trenchs
grava - loose stone
plataforma - platform
adrenalina - adrenalin
indicativo - indicative tense

Y, ahora, en este preciso instante, quiero **desalojar** la furia de mi interior. Grito y mi boca se llena de aire. Abro los brazos y buceo en el cielo. Cierro los brazos y soy una **bala**. La velocidad me **zumba** en los oídos. La silueta del pájaro sube hacia la bóveda celeste. Salgo disparado en dirección hacia mi compañero. Está muy abajo, así que fuerzo la flecha hasta el máximo: **mentón** erguido, manos apenas separadas de la cintura, piernas estiradas. Las gafas se pegan a la **cuenca** de mis ojos: estoy en caída vertical ofreciendo la mínima **resistencia** al aire. Hago un agujero terrible y llego adonde yo quería. Freno separando los brazos del **costado** y abriendo todo el ángulo de las piernas. Buceo hasta ponerme enfrente de él. Puedo tocarlo. Me anima a cogerlo y la presión de su mano en la manga del mono me desestabiliza un poco; corrijo la posición y lo agarro de la misma manera. Caemos en relativo durante un rato. Nos soltamos. Se lleva las rodillas al pecho y ejecuta una **cabriola**, luego, se detiene y cambia el sentido de la siguiente. Aprovecho la licencia para hacer lo que quiera; empiezo una serie de **volteretas** sin fin y sin esfuerzo, dejándome **emborrachar** con la fusión del cielo y la tierra. Un día cualquiera acabaré **ebrio** de cabriolas y me olvidaré de tirar de la anilla. El tramo de caída se agota.

Es todo demasiado real para ser una **alucinación** que crece sin control. En este instante puedo **prolongar** la vida secreta del miedo, envolverme en él y ser su **abanderado**. Hay un flujo de poder que todavía no me ha dejado expuesto y que ahora mantengo para enfrentarme a lo que se me viene encima, a la **agonía** que tanta adrenalina me presta. El **consabido** nudo en la garganta y la gloria efímera de las mariposas. El límite del mundo conocido. Sí, pienso mucho en poco tiempo. En cinco segundos, no caben las chispas de las alas de acero ni todos los gestos de la ternura.

Desalojar - to put out
bala - bullet
zumba (zumbar) - buzzes (to buzz)
mentón - chin
cuenca - socket
resistencia - resistance
costado - side
cabriola - pirouette
volteretas - somersaults
emborrachar - to get drunk
ebrio - drunk
alucinación - hallucination
prolongar - to extend
abanderado/a - guardian
agonía - anguish
consabido - well-known

PREGUNTAS

1) ¿Por qué se va Patrick a Ampurias?
   a) Porque tiene familia allí.
   b) Porque allí hizo la instrucción paracaidista.
   c) Porque tiene amigos allí.
   d) Porque le gusta esa zona.

2) ¿Con qué había que acompañar la caída?
   a) Con la cadera.
   b) Con la espalda encorvada.
   c) Con los codos levantados.
   d) Con todas las anteriores.

3) ¿Por qué lleva Patrick siempre una libreta de bolsillo?
   a) Para apuntar las ideas que se le ocurren.
   b) Para apuntar números de teléfono.
   c) Para hacer dibujos.
   d) Por capricho.

4) ¿Qué les dejaron hacer en el segundo salto?
   a) Hacer piruetas.
   b) Saltar por parejas.
   c) Caída libre en vez de abrir el paracaídas nada más saltar.
   d) Saltar desde más altura.

5) ¿En qué postura se lanza Patrick en el segundo salto?
   a) En flecha.
   b) Con brazos y piernas abiertos.
   c) Encogido.
   d) De espaldas.

SOLUCIONES

1) B
2) D
3) A
4) C
5) A

RESUMEN

Otra de las aficiones de Patrick es el paracaidismo. Nos cuenta su experiencia en Ampurias, donde aprendió a saltar.

SUMMARY

Another of Patrick's hobbies is parachuting. He tells us his experience in Ampurias, where he learnt to skydive.

VOCABULARIO

Debilidades - weaknesses
paracaidista - skydiver
torsión - torsion
encorvado/a - stooped over
mosquetones - carabiner
arneses - harnesses
tufo *(colloq)* - stink
queroseno - kerosene
cóndor - condor
renqueaban (renquear) - sputtered (to sputter)
Fraguarse - conceive
simulador - simulator
hélice - airscrew
zumbaban (zumbar) - buzzed (to buzz)
portón - gate
bodega - hold
fuselaje - fuselage
banquetas - benchs
hidráulico/a - hydraulic
Despegue - take off
azafata - flight attendant
cinturones de seguridad - safety belt
embalaba (embalar) - sped up (to speed up)
baches - pothole
esponjoso/a - fluffy
estrías - grooves
iniciación - initiation
desbocaban (desbocar) - bolted(to bolt)
lanzamientos - launchs
parsimonia - calmness
precedían (preceder) - went before (to go before)
rebufo - slipstream
anilla - pin
energúmenos/as - maniacs
pormenores - details
fosos - trenchs
grava - loose stone

plataforma - platform
adrenalina - adrenalin
indicativo - indicative tense
Desalojar - to put out
bala - bullet
zumba (zumbar) - buzzes (to buzz)
mentón - chin
cuenca - socket
resistencia - resistance
costado - side
cabriola - pirouette
volteretas - somersaults
emborrachar - to get drunk
ebrio - drunk
alucinación - hallucination
prolongar - to extend
abanderado/a - guardian
agonía - anguish
consabido - well-known

Conclusion

"One language sets you in a corridor for life.
Two languages open every door along the way."
-Frank Smith

A new language would truly open lots of new doors that you never thought existed. I hope this book was able to help you with that. A lot of effort has gone through the making and publication of this book, but knowing that I am able to at least pave the way for you to continue learning Spanish---and have fun while you're at it---makes all the effort worthwhile.

After reading the ten stories found in this book, you should already be able to make a headway in learning Spanish. You'll have learned hundreds of useful new vocabulary to add to your memory bank, and you'll find that your confidence at reading and writing will have improved, too. That, aside from the pronunciation and listening practice provided by the added audio.

If you found this book useful to you, you can support this book by leaving a review in Amazon, and it would be truly appreciated and valued.

Thank you so much.

Instructions on how to use the audio

You'll find that the links to the audio are directly provided within the stories inside the e-book. This will make it easier and faster for you to access those MP3 files. For ipad users and non-dropbox users, however, here are additional instructions:

The link to download the MP3 :

http://mydailyspanish.com/download-volume-3/

- This product is completely compatible with all iOS devices but due to the limited control of the file system in Apple devices, you'll first need to download the files to your computer. Here are the steps.

.

1. Download to your computer

- Using either the download link you received in your email after your purchase or via your user account, download the .zip file to your computer.
- Note: these files can be large so don't try opening the .zip file until your browser tells you that it has completed the download successfully (usually a few minutes on a broadband connection but if your connection is unreliable it could take 10 to 20 minutes).

2. Expand the .zip file

- If you computer is set-up to automatically expand .zip files upon download then you'll find a folder in your Downloads folder. Otherwise, just double click on the .zip file and it will automatically expand the file into a folder with the mp3 and PDF files.

3. Import the file in iTunes

- In iTunes, select the File > Add To Library menu item. Navigate to the folder where the My Daily Spanish folder is and select all the mp3 files. Click Open.

- If your iTunes is set to its default options, it will copy all the My Daily Spanish mp3 files into the iTunes Media Library.(To make sure the files are copied to your internal library, go to iTunes > Preferences° and click on "Advanced" tab. You should see it below.)

4. Sync your iPad/iPhone with iTunes/iCloud

- All your audio files should now appear in Learn Spanish artist.

Alternative:

- You can also check out this video here: https://www.youtube.com/watch?v=a_1VDD9KJhc?

- You can skip the first 1 minute and 20 seconds of the explanation.

If you still face some issues, please contact me at contact@mydailyspanish.com

With that, I thank you for purchasing this book and I hope you will have a great time learning with these stories.

Thank you.

Trouble to download the MP3 ? Contact Lydia at
contact@mydailyspanish.com

Thank you again.

17459826R00062

Printed in Great Britain
by Amazon